宿題をハックする

学校外でも学びを促進する10の方法

スター・サックシュタイン＋コニー・ハミルトン
高瀬裕人・吉田新一郎 訳

HACKING HOMEWORK

STARR SACKSTEIN, CONNIE HAMILTON

新評論

まえがき――宿題（家庭学習）を再考すべきとき

「みなさん、宿題をやってきましたか？　所定の場所に出してください。今晩、家でチェックします。キムのは、ありますね。マーカス、あなたのは……ないですね。明日までにちゃんと提出してください。それでは、今日の学習をはじめましょう」

この発言は、宿題をすることの価値や意味について、生徒(1)にどのようなメッセージを発信しているでしょうか？　一つ言えることは、宿題がこの日の授業で学ぶこととは一切関係ない、ということです。また、即座に効果的なフィードバックが行われることもありません。

さらに、キムは好きなテレビを見るのを我慢してワークシートをやってきたのに、マーカスはビデオゲームで遊んでしまったようです。その違いが、この日の授業に一切反映されていません。授業に反映されないため、宿題は誰にとっても学ぶ機会になっていない、としか言えません。

宿題には、授業との関連が明確に理解できるという目的がなければなりません。生徒が宿題を

（1）　原書には「生徒たち」と「子どもたち」の両方が使われていますが、日本語訳では基本的に「生徒」で統一しました。小学生も生徒に含まれています。

することの意味を推測しなければならない、そんなあり方はおかしいのです。さらにひどい状態は、教師に「やってきなさい」と言われた生徒が、何も考えずに、ワークシートを埋めることです。(2)

一般的な中学や高校の教師は、一五〇人前後の生徒を教えています。したがって、毎日宿題を集めて、意味のあるフィードバックを提供することはほとんど不可能と言えます。このような状況は、主要五教科を教えている小学校の教師も同じです。三〇分もすれば、山になっている宿題の束をめくって、単にチェックしているだけの状態になってしまいます。これについて、否定できる教師はどれくらいいるでしょうか？

つまり、すべての生徒が提出したものに、意味のあるフィードバックを書くだけの時間がなさすぎるのです。さらに、教育委員会か保護者からの要望があって毎日宿題を出す場合、そのすべてが建設的なものであることはまずないでしょう。

このような状況を鑑みて、一番目のハックである「宿題を毎日やらせない」が導き出されました。要望があるというだけの理由で、生徒に無意味な宿題をさせることを教師の義務や責任と思ってしまうこと自体、本末転倒なのです。「ハック1」では、そういう無駄なことから教師（ということは生徒も！）が解放されることを提案しています。

実際のところ、出されている量から考えて、ほとんどの宿題の質は間違いなく貧弱なものでしょう。質の高い宿題を提供できないのに、それをさせる意義はいったい何でしょうか？　また、それをさせることによって、学ぶことと時間について、生徒に発信しているメッセージとはいったい何なのでしょうか？

一人の親として私（サックシュタイン）は、小学校に通う子どもが四月の天気がよい日[3]に、年度末のテスト対策のためという理由だけで、意味があるとは思えない宿題でカバンをいっぱいにして帰宅するということほど愚かなことはない、と考えています。

長い冬が終わり、太陽の暖かさを感じはじめたこの時期、息子（ローガン）は外で遊びたがっています。とくに、年少の子どもにはそれが必要です。にもかかわらず、学校では十分な遊びの時間が提供されていないのです。このこと自体が問題なのですが、これについては別の機会にお話ししたいと思います[4]。

遊ぶ代わりにローガンは、何も考えずに、四〇分から一時間も宿題をするために費やすことに

（2）下訳の段階で原稿を読んでくれた翻訳協力者から、「これは『権威者から出された課題は余計なことを考えずにこなしなさい』という、市民教育とは真逆のメッセージを送っていることになると思います」というコメントをもらいました。
（3）欧米（北半球）の多くは、六月が夏休み前の年度末です。
（4）この問題については、『遊びが学びに欠かせないわけ』という本がとても参考になります。

なります。本来なら、近所に住むほかのクラスの友だちと身体的・社会的に価値のあることができる時間を、彼は無駄にしているのです。

毎日の宿題に効果があることを示すだけの研究結果がほとんどないにもかかわらず[5]、生徒の学びの可能性を破壊するようなことを、教師に（そして、結果的に生徒に）対して私たちが期待し続けるのはなぜでしょうか？

生徒は、すでに十分な努力をしているのです。それゆえ、彼らには、大人が介入しない主体的な遊びに費やすだけの時間が必要なのです。遊びを通して、ワークシートを埋めることからは得られない大切な社会的スキルを身につけることができるのです[7]。

宿題に関する問題は、小学校の生徒にかぎったことではありません。一〇代になる私（ハミルトン）の子どもたち三人も、同じような腹立たしい経験をしました。たとえば、息子（トレイ）の教師は、テストの準備ができるようにと宿題を出していました。しかし、トレイは、教師が提示することを授業中に学んでしまうし、分からないことについては恥ずかしがらずに尋ねることができるので、宿題に出された練習問題をまったくと言っていいほど必要としていません。

宿題をさせる教師は、その意味や価値を伝えないで、「宿題をすることは生徒の責任である」と指導することがよくあります。このことも、トレイと私を失望させました。家事で貢献したり、アルバイト先の喫茶店でドリンクのつくり方を覚えたり、時間どおりにスキーの練習に行ったり、弟や妹の宿題を助けたりすることのほうが、将来、仕事をするときに必要となるスキルが身につくのではないでしょうか。少なくとも、宿題をするよりは意義があると思います。

もう一人の息子であるルークは、理想的な生徒からはほど遠く、授業内容を理解することができません。彼にとって、宿題は常に苦役であり、闘いでしたが、中学校まではなんとか取り組んできました。しかし、高校生になった現在、学ぶ価値を見いだすことができず、学習内容が理解できない状態で毎日帰宅しています。

時間の経過とともにルークの学びに対する興味はどんどん低下し、私に残された選択肢は次の四つ以外に考えられなくなりました。

（5）たとえば、以下を参照してください。
https://education.cu-portland.edu/blog/classroom-resources/the-homework-debate-the-case-against-homework/
http://time.com/4466390/homework-debate-research/
https://www.salon.com/2016/03/05/homework_is_wrecking_our_kids_the_research_is_clear_lets_ban_elementary_homework/

（6）この「私たち」にはすべての人が含まれているようです。具体的には、現状の宿題を野放しにしている人たちすべてのことです。

（7）この点についても、『遊びが学びに欠かせないわけ』に詳しく紹介されています。授業や勉強などに比べて、遊びを通して得られる身につくレベルの学びがいかに多いかが分かります。

❶ルークと協議して、自分で解決するか、友だちの助けを借りるかを判断させる。
❷授業で学べなかったことを家で教え直し、教師に息子が学べていないことを伝える。
❸フェイスブックに「家庭教師を求む」という書き込みをして、あまり高くない料金で適当な人が見つかることを祈る。
❹息子に対しては何もせず、たくさんの質問をもって学校に行かせる。

学習に困難を抱えている子どもをもつ親であれば以上のようなことに共感できると思いますし、「努力自体に価値がない」という考え方に覆いつくされてしまっているかもしれません。しかし、教師でもある私は、それが最善の選択肢でないことを知っていますし、なんとか息子には努力させたいと思っています。

一方、仕事で疲れている母親であれば、すでに夜も遅いので子どもとやり取りすることは避け、理解できるようになることはあまり期待せず、眠らせてあげたほうがいいと思うものです。

そしてもう一人、娘のアリーがいます。彼女は、教師が夢に描くような生徒です。彼女は学ぶことは苦手ですが、とても努力しています。彼女は自分の弱点をよく知っており、それを乗り越えて学ぶ方法を見いだします。たとえば、本を読むときでも、目で追わずに録音されたものを聞くのです。促されることなく宿題にも熱心に取り組み、最善を尽くしています。

とはいえ、アリーの宿題の仕方は、Aを取るためにしているようなものです。そこが問題です。彼女は、創造性などには重きを置かず、作文のきれいさや長さに焦点を当てています。与えられた質問にはしっかりと答えますが、求められたこと以外は考えようともしません。

時折、ギリシャ神話などについて学ぶことの意味を尋ねることもありますが、自分で探究しようとはしません。いずれにしても、彼女は宿題をしっかりとやっています。しかし、教師は彼女の好奇心に訴えかけるような学びをつくりだしているとは言えません。

膨大な時間をかけて彼女は、化粧することや、マニキュア液の瓶をどのように整理したらいいかを学ぶためにユーチューブを見ています。さらに彼女は、見るだけにとどまらず、髪を編んでおさげにする彼女なりの方法を一〇本以上の動画にしてアップし、多くの視聴者から評価を得ています。

これらとは反対に、彼女が宿題をするときは、そのテーマについての学びはそれで終わったと捉えています。ほかの領域では主体的に学べるのに、学校での学びに関しては、さらに探究したり、知識を広げていこうとは思っていないのです。

宿題（家庭学習）[8]は、教育においてもっとも誤用されているツール（**訳者コラム**参照）です。あまりにもたくさんの矛盾する考えが、宿題という枠組みのなかに組み込まれています。顕著なものとしては、学校で学ぶことのほかに出される課題と、より自然な状況で行われる遊びや学び

訳者コラム

誤用されているツール

現時点でほかに誤用されているツールは、評価や成績、教師による講義、少人数クラス編成、グループ学習、教科書、時間割、学年、教員研修などたくさんあります。それらの多くは、その効果が検証されているのではなく、単に習慣化（結果的に「悪習」？）しているものが多いです。あるいは、本来は手段でしかないものを目的化してしまうことによって、目的（生徒の学びの質と量を最大化すること）とは逆の結果を招いています。これらの点について興味のある方は、ブログの「PLC 便り」をご覧ください。そして、あなたがハックしたい学校の習慣や決まり事は何かと考えてみてください。

との間に矛盾があります。[9] 生活と直接関係しない宿題を出したときは、生徒の時間に対する価値をおとしめているだけではなく、学ぶことの価値も軽んじていることになります。

言うまでもなく、すべての学び手は異なるスピードで学んでいます。学校で六〜七時間過ごしたあとでは、追加練習の機会として宿題を付け加える前に、学校で学んだことを十分理解できるようにするための、意味のある振り返りの機会[10]が提供されるべきではないでしょうか？

成績表[11]に成績を書き込むためだけに宿題を出して、それらに成績をつける代わりに、[12]その時間とエネルギーを生徒の学習経験を改善するために費やすべきではないでしょうか？

もちろん、私たちはこれらの問いに、すべて「イエス」と答えます。本書は、読者に宿題に対する伝統的な見方を改め、教師、保護者、そして生徒にとって、より意味のある宿題（家庭学習）の新たな見方とやり方を可能にするために書いたものです。

この目的を達成するために、本書は「一〇種類のハック」で構成しました。つまり、そこには、これまで宿題が必要だとされてきた課題があります。私たちはこれらの課題に真正面から取り組

（8）宿題は強制的にやらされるもので、家庭学習はその側面以外に、生徒が主体的に取り組む要素も含まれています。本書では、状況に応じて使い分けていきます。

（9）学校での学びと学校外での学びを比較したリストが、『教育イノベーターのマインドセット』（仮題）の第6章に掲載されています。もちろん、数人の同僚が集まって容易に出せますので、ぜひ試してみてください。

（10）翻訳協力者から以下のコメントがありました。「私も、とても大事だと思います。振り返りを授業で行うときもあれば、宿題にするときもあります。『振り返る』ことの意味について、ピンとこない読者が多いかもしれません。たぶん、『練習問題＝振り返り』と思っている教師が少なからずいるからです」

（11）通知表とは違い、教師が生徒ごとに課題などを成績として残し、最終的にそれらを（ウェートづけして）算出したものが、通知表に記入される際のベースとなる資料のことです。「評価補助簿」や「えんま帳」などとも呼ばれます。

（12）ここでの「学習経験」は、学校で学んだことを活かしながら（あるいは、まったく活かさなくても）、主体的な学びを促進する機会と捉えています。主体的に選んで取り組まれたものは、やらされるものに比べて何倍も残るし、活きるからです（https://projectbetterschool.blogspot.com/2012/03/plc_18.html の「学びの原則」の五番目にあるように）。また、近刊の『選んで学ぶ――学ぶ内容・方法が選べる授業』（仮題）がおすすめです。

み、各章の「あなたが明日にでもできること」「完全実施に向けての青写真」「ハックが実際に行われている事例」などを通して、現実的な解決策を提供していきます。

たとえば「ハック6」では、ジャスティン・バークビシラー先生が、生徒たちの好奇心を刺激するために、興味関心を惹きつけることの大切さを強調しています。その内容は人種差別を扱ったものですが、ユニットのなかで生徒は多様な年代の人々から話を聞き、学校外でも取り組みを進めていきました。

また「ハック8」では、ドン・ウェトリック先生が、学校外で実施した生徒の研究プロジェクトについて説明をしています。家での自主的な学びを二年間も続けたもので、その生徒が住んでいる地域において改善をもたらしました。

各章とも、こうした経験のある最先端の実践を行っている教師に寄稿してもらっています。「ハックが実際に行われている事例」のなかでは、各ハックで紹介した方法と教師の物語を結びつける筆者のコメントも提供しています。私たちが提供する情報が、あなたのアイディアを刺激し、学びのコミュニティーで新しい何かを試してみるためのきっかけになることを祈っています。

アインシュタインと視点を変えること

アルベルト・アインシュタイン（Albert Einstein, 1879～1955）の言葉、「一度も失敗したことがない人は、新しいことに挑戦したことがないのです」などが、引用の形で本書のすべての章に登場します。本書を執筆中、学ぶことに関する彼の考え方にとても惹きつけられました。それが理由で、本書において私たちが提案することを、みなさんがリスクを負ってチャレンジできるように、すべての章を彼の言葉ではじめることにしたのです。

これまで行われてきた宿題は、一見すると無害な感じがしますが、じつは重大な問題を引き起こしています。生徒の学ぶ意欲を破壊し、遊ぶ時間と意味ある体験としての学びを妨げているのです。アインシュタインの言葉が伝えているように、学校外での学びは生徒にとって刺激的なものであるべきです(13)。

本書は、教師、保護者、そして生徒に対して、「宿題はもういらない」というメッセージを伝えるために書かれたものではありません。私たちが生徒だったときに経験したものよりもはるかにエキサイティングで、意味のある宿題に転換することを目的としています。

学ぶことは苦役であってはならず、学びは常に起こっているもの、と私たちは捉えています。授業において、新しい概念を何時間もドリルをさせて教えることが効果的でないことはすでに明らかにされていますし、このような古い方法が一時《いっとき》も早く変わることを祈っています。家庭での

(13)　もちろん、学校内での学びも、です！

学習は継続して行われるべきだと私たちは思っていますが、それは今までとは異なる形で行われなければなりません。

結論を言えば、読者のみなさんに、すべての生徒が学ぶことを好きになり、授業以外においても学ぶことを促すといった、従来の宿題に代わる理にかなった方法を検討していただきたいのです。

もくじ

ハック③ 信頼関係を築く——学習を促進する建設的な関係を構築する　53

ハック④ 生徒のニーズにあわせた特別仕様にする
——課題や時間を柔軟に　79

ハック⑦

デジタルでやり取りする場を活用する——学びのためにソーシャルメディアを利用する

ハック ⑧

生徒の発言を拡張する——宿題の内容と方法を生徒が選択できるようにする　175

ハック 9

家庭と協力する

——保護者に教え方のモデルを示す　201

宿題をハックする——学校外でも学びを促進する10の方法

ハック 1

宿題を毎日やらせない

—悪い習慣の方向転換を図る—

ゲームのルールは学ぶべきです。
あとは、誰よりも上手にプレイすればいいのです。

（アルベルト・アインシュタイン）

問題——教師が宿題をやめることを、学校は方針や習慣によって阻んでいる

宿題は、毎晩、家でコツコツと取り組むべきものと一般的には捉えられています。この習慣と捉え方から抜け出すことは非常に困難です。教育委員会（学校）によっては、単なる前例主義に基づいて、教師に宿題（家庭学習）を日々課すことを義務づけているところもあります。

教育委員会がこのような立場をとると、生徒にとってもっとも効果的な学習経験をつくりだそうとする教師の自立性を奪い去ってしまうことになります。もちろん、それは教室内にかぎったことではありません(1)。

家族で過ごす時間、課外活動、アルバイトなどを大切にするように言っておきながら、それに上乗せする形で毎晩宿題をやらせるというのは、矛盾したメッセージを家庭に発信していることになります。すでに忙しい家族のスケジュールをやり繰りすることは大変です。しかも、宿題のなかの優先事項に、各自が選んだ本を毎晩二〇分読むことは含まれていません。

毎晩宿題をやらせることは、単に非生産的なだけでなく、生徒を（教師も！）疲弊させ、学ぶことを嫌いにしてしまいます。また、保護者にとっては、宿題を「やる・やらない」(2)という親子間の緊張を生じさせるとともに、教師や学校に対する不信感まで抱かせてしまいます。

しばしば教科書は、教科書会社の関連業者が作成する宿題（やテスト）用のプリントなどとセットになっているため、教師の多くは、それらを選択肢の一つとしてではなく、使用することが義務づけられていると捉えています。

また、教科書に宿題としてやるべきことが指定されている場合は、多様な創造的な評価法[3]が考えられることもありません。このほかにも、指定された宿題を毎晩やらせることには次のような問題点があります。

・生徒のために努力している教師の計画・選択能力が過小評価されていること。

・放課後に生徒が行うスポーツや、その他の活動の価値が軽視されていること。

（1）本来手段であるものが、目的化してしまうのです。そして、本質的に大切なものがその過程で消えてしまいます。教科書の内容をすべてカバーすることについても、まったく同じことが言えると思いませんか。子どもたちを自立した学び手に育てるのに、教師が自立すること以上に大切なものはないはずです。

（2）どちらかといえば、日本の場合は宿題を出さない教師や学校に対して憤慨する親のほうが多いでしょう。それほど学校側も保護者も、学ぶことを苦役と捉える空気が充満しています。そのすべてが「入試への準備」ということになるのでしょうが、そこから得られる学びに、いったいどれほどの価値があるのでしょうか？

（3）それらを診断的、形成的、総括的評価の三つのレベルで紹介しているのが『一人ひとりをいかす評価』です。参照してください。この本と『成績をハックする』は長年幻想でしかなかった「指導と評価の一体化」を実現させるのに役立ちます！

・成長することに関係のない勉強を、学校外の時間でも行うように期待されていること。
・事前に決められている宿題は退屈なもので、生徒は意味を見いだせないために本気で取り組まないこと。
・授業の学びを膨らませたり、ほかの学びの可能性を探求したりする本来の学びとしてではなく、宿題を「やらなければならないもの」として義務化していること。

ハック――宿題を毎日やらせない

アメリカの多くの学校が、宿題を廃止するという考えを受け入れようとしています。あるいは、「するか・しないか」について、少なくとも自由意思に任せようとしています。もし、そうなっていない地域や宿題に関する意思決定ができない地域で教えている場合は、別の方法を考える必要があります。つまり、教師としての職を危険にさらすことなく、「不服従」の（つまり、自分が納得する）宿題のあり方を構築する必要があるということです。

あなたの学校において、日々出されている宿題へのアプローチを転換しようとする場合は、自分（たち）の実践を少しだけ改善し、小さな成功例を集めることからはじめるとよいでしょう。

あなたが明日にでもできること

宿題を毎日出すことはやめる

毎日、宿題を出さなければならないという義務から解放されるために、自分自身に宿題をやめるという許可を与えてください。算数・数学の教科書には単元に沿ったワークシートが提供されていますが、毎日、それを使わなければならないというわけではありません。

生徒は、毎週三〇〜三五時間学校に通っています。(4) このことは、たくさんの頭脳を使う作業を生徒に課していることを意味します。教育者のなかには、学校は生徒にとっての「仕事場である」と強調している人たちもいるぐらいです。週に三〇〜三五時間というのは、生徒にとっては十分すぎる時間ですし、これに毎晩一時間ずつ追加するという行為は、大人が残業することに相当すると私たちは考えています。

(4) 日本は、もう少し多くの時間を学校で費やしているかもしれません。放課後や土日の部活なども含めたら、生徒の拘束時間はブラック企業に匹敵さえしています！

「やらなければならない宿題」と「学習をサポートするための提案」を明確に分ける

よい学習習慣を根づかせることと、授業に関連した課題をすることの間には違いがありますので、その違いを明らかにするところからはじめましょう。たとえば、生徒と保護者がともに家で読むことの価値を共有しているとします。この場合、何かの課題をこなすためではなく、あくまでも楽しみのために読むことでなければなりません。それによって、結果的に語彙を増やしたり、スラスラ読めたりするようになるからです。

あなた自身が生徒の立場に立って考えてみてください。そのうえで、大人としてどのように学んでいるのかについて生徒と共有してください。(5)

本を読んでいるときに、「読んだページ数や費やした時間を記録しておこう」、または「読んでいる途中に要約を書いておこう」と思ったことがありますか？　このように、過度に従順な課題をさせることで、読む楽しみを生徒から奪い取ってはいけません。「毎晩三〇分の読書を」という宿題を出されたら、生徒のなかにはタイマーをセットして、どこで読んでいようと三〇分経ったらやめるという生徒も出てくることでしょう。

よく考えてください。本当に本が好きな生徒であれば、チャンスさえあれば、いま読んでいる本をどこでも、いつでも読みます。言うまでもなく、その行為は宿題として出されたからではありません。

一方、読書が嫌いな生徒は、本を開いて読む振りを二〇分間行い、本を閉じて、残りの一〇分で読書ノートに書き込みます。生徒に読書を促す（読むことを好きになり、自立した読み手になる）という目標は、読書ノートを書かせるという課題を与えたからといって達成できるわけではないのです。

宿題を、これまでとは違った形で提示する

もし、宿題を毎日出さなければならないという決まりのある環境にあなたがいるのなら、何とか抜け道を探してください。次のような形で宿題を捉え直してみるのはどうでしょうか。

散策に出かけてみる。授業で学んだことを親と話してみる。ボードゲームをして遊ぶ。ボランティア活動をする。遠い所に住んでいる家族に電話をして、近況を報告しあう（詳しくは「ハック5」を参照してください。あなたは、ほかにどんな実りの多い課題を思い描くことができますか？）。

（5）　翻訳協力者から、「共有の意味が正しく伝わらないのでは、と考えています」という危惧するコメントがありました。日本では、教師の役割は「指導する」ことであり、「情報を提供して価値判断は生徒に委ねる」というアプローチが取られていないからでしょう。

完全実施に向けての青写真

ステップ1　宿題に関する方針について同僚と話してみる

宿題の役割に関して共通理解をもつことは、学校全体としてのメッセージを発信し、文化を形成する際においては一つの鍵となります。ある学校では学校改善委員会のような組織で、ほかの学校では学校関係者[6]の代表が集う学校運営協議会で、重要な学校の方針について話し合いが行われています。会話をはじめることによって宿題の目的について共通理解が得られ、改善するための糸口がつかめるものです。以下のような問いを立てて、話し合ってみるとよいでしょう。

・宿題の影響に関する最近の研究成果は何か？
・成績ではなく学びへの宿題の影響について、私たちはどのようなデータをもっているか？
・宿題を課すことは、家族の時間について、どのようなメッセージを発信しているのか？
・宿題の時間はどのくらいが適当か？
・生徒や家族は宿題をどのように捉えているのか？
・現在行われている宿題は効果的か？
・義務としてではなく、学びの機会を広げる宿題はあるのか？

ステップ２　変化をもたらすための証拠を提示する

教育委員会（学校）が従来の宿題を出さないという判断をする際、保護者および生徒がもっている先入観や期待感を修正する必要があります。宿題に関する教育委員会の方針転換を歓迎する人がいる一方で、変化に抵抗する人もいるはずです。新しい方針のねらいと理由を明確にすることで、これまでのやり方とは違う方法をとることについて、保護者と生徒の理解を得ることができます。そのために、**表１－１**（次ページ）のようなものを提供することが考えられます。

ステップ３　生徒の体験を広げるイベントを計画する

学びは、学校のなかだけで起こるものではありません。生徒が机や台所のテーブルに座って宿題をやっていないからといって、勉強についていけていないのではないか、とすぐに疑ってはいけません。いまの時代、二四時間どこでも学ぶことができますので、教科書だけが学びの手段というのはおかしなことです。

とはいえ、すべての家庭で、子どもにピアノのレッスンを受けさせたり、サッカーのクラブチ

(6)　一般的には、教職員、保護者、地域住民、教育委員会を指しますが、中学校以上は（場合によっては小学校も）生徒が含まれる場合が少なくありません。

表１－１　変化へ向けての情報提供

宿題に関する変更点	変更理由	ヒント
読書記録の廃止	私たちは生徒に楽しんで読んでもらいたいと思っています。義務として読んでほしいわけではありません。生徒自身が興味関心に合う本を選び、家で読むことを奨励します。	全員が同じ本を読んで話し合うブッククラブを家族でしてみましょう。スカイプなどの無料電話会議を使って、祖母や祖父と一緒に読んでみるというのはどうでしょうか。
全員が同じ宿題はしない	それぞれの生徒は、固有の学習ニーズをもっています。それに見合う形で学ぶには、簡単すぎても難しすぎても効果的ではありません。	異なる宿題が生徒たちに出されたとしても、学習のねらいは全員に対して同じです。学ぶ内容に対するアプローチは違っても、目標は同じなのです(＊)。
宿題のない日もある	私たちは、家族で過ごす時間と課外活動も大切にしてほしいと考えています。生徒たちが学校外での活動に積極的に取り組むことはいいことだと思っていますし、宿題がその妨げになってはいけないと思っています。	あなたの子どもが課外活動に参加していなくて、もし休暇を取れるならば、あなたが興味関心をもっていることを教えてあげてください。ギターやゴルフやボードゲームなど、何でもかまいません。一緒に取り組んで、そのやり方を身につけたり、ルールやスポーツマンシップを身につけたりすることを助けてあげてください。

(＊)　この点についての最適の参考図書は、『ようこそ、一人ひとりをいかす教室へ』です。同じ目標を達成するための異なるアプローチを実現するための理論と具体的な方法が紹介されています。

ームに参加させられるわけではありません。子どもの社会性や感情面の成長をサポートするために、(7) 以下のような機会を提供することを考えてみてください。

・家族で公園へ行ってピクニックをする。
・音楽を使ったイベントや体操教室（年齢が低い場合はファミリーダンス）を計画する。
・子どもが親に、パソコンなどの使い方を教える「ICT勉強会」を夜に実施する。
・バトルブック(8)に参加してみる。
・ロボットやレゴづくりのチームをつくる。
・学校や地域をきれいに保つ活動を開始する。
・地域のコミュニティー・センターとタイアップして、外部の団体が提供しているさまざまなサービスについて紹介する。

（7）日本の授業や教育では、これらの面の成長が軽視されがちかもしれません。英語では、一九九〇年代から「social-emotional learning」や「EQないし心の知識指数（emotional intelligence）」などと言われて取り組まれてきています。日本でも二〇〇〇年代から「社会的ないしソーシャル・スキル」として普及しはじめています。それらの中身については、「作家の時間、おまけ」で検索すると見られます。

（8）読書推進プログラムの一つで、読んだ本についてクイズに答えるという形のものです。http://www.battleofthebooks.org/ 参照。

・地域の話題についてのやり取りをツイッターで行う。[9]
・書くスキルと対人関係スキルを磨くために、e-pal のプログラムを開始する。

課題を乗り越える

毎週、宿題に対して成績をつけるという決まりになっている

生徒の習熟に関するデータ[11]は、宿題に対する成績ではなく、実質的な評価[10]で行われるべきです。これまでに私たちが書いた本を読まれた方であれば、私たちが到達目標をベースにした学習と、教師が成績を捨て去るという提案をしていることはご存じでしょう。本書は宿題を改善することに特化した本なので、次の点を指摘しておきます。

たとえば、小学四年生が宿題をやるときに保護者や友だち、あるいはグーグルの助けをどれだけ得ているかについてはまったく分からないので、その生徒が提出した宿題に成績をつけたとしても、学んだことがどれだけ反映されているかについては皆目見当がつかないのです。したがって、宿題からではなく、授業のなかで評価のデータを集めることをおすすめします。

もし、宿題が出されないなら、生徒は勉強をしない

私たちは、生徒を知的な部分だけでなく、社会性や感情面なども含めてトータルに見ます。州（や国）の到達目標は学業で成功するために確かに重要ですが、それは長期的に成功するための、わずか一つの指標を提供しているだけです。生徒は学校外でも多くの時間を過ごしていますので、学業以外の「ほかのこと」は彼らにとっては十分価値があるのです。

「ほかのこと」が生徒の社会性や感情面の成長にとって有益でないと思うなら、「ステップ2」に戻って、それらのアイディアを実際に行うか、新しいアイディアを考えて実施してください。生徒は、学業以外にも大切なものをもつべきなのです。保護者が学校をサポートしているように、私たちも家族をサポートしましょう。

---

(9)　電子メールでの文通のことです。

(10)　成績評価の場合、あらかじめ規準が設定されているために、手を抜いていてもAという評価がとれる生徒がいます。一方、どんなに頑張ってもBになる生徒もいます。筆者らが述べる「実質的な評価」とは、生徒の活動の実態に即した形成的評価や総括的評価のことを指しています。これによって生徒は、自分の学びと成長の過程を振り返り、自己評価することができるようになり、自立した学び手になることができるのです。

(11)　主には、『成績をハックする——評価を学びにいかす10の方法』を指しています。著者たちの本ではありませんが、『一人ひとりをいかす評価』も参考になります！

保護者が宿題を望んでいる

いったん、保護者と宿題の改善について必要性が共有できたなら、宿題に対する新しい捉え方と変化を受け入れる保護者の力を信じましょう。新しい方針のねらいや期待をしっかりと説明することで、保護者の考え方を変えることができるのです。そうすることで、宿題が出されようが、出されまいが、保護者は子どもの学びをサポートするための具体的な方法をもつことができるようになります。

こうした情報は、学校からの案内物やホームページに掲載するほか、学校主催の説明会や保護者面談など、多様な機会を通して保護者に繰り返し伝えていくことが大切です。情報をガラス張りにし、よく見えるようにして、質問に対して丁寧に答えるようにします。

宿題で、生徒の理解の度合いを確かめることができる

時に私たちは、生徒が従順であるため、学んでいると誤解することがあります。彼らは、よい成績を得るためや不利な結果を招かないために最低限しなければならないことをやっているだけなのです。真の学びのためにやるということは稀です。その証拠を私たちは頻繁に目にします。

宿題はきちんと提出しているのですが、総括的な評価（つまりテスト）でのできがよくなかったり、前日の宿題の焦点を今日の学習のねらいに応用できなかったり、といった形です。こうし

たことは、誰かの宿題を写したり、親や友だちからの助けを借りたり、本当は何が書いてあるのかよく分からないのに、教科書や自分のノートを写したりすることで起こります。

生徒は宿題を何とか終わらせようと、自身のもがきや理解の浅さを隠してしまいますので、宿題をやっているという事実だけでは学びに関する裂け目を広げてしまうことになりかねません。

生徒からすれば、やる意味も感じられず、適切なサポートも受けられない宿題の代わりに、教師がその場で生徒の学びに関する理解や活用を確認したり、生徒が質問もできるといった、授業中に行われる形成的評価のほうがはるかに有意義となります。

生徒は、スラスラ読めるように毎晩読まなければならない

ここでの議論は、生徒が家で読むべきか否かではありません。家での読書の効果を裏付ける調査研究は数多くあります。問題なのは、読むことが宿題として出されるべきかどうかです。生徒自身が本を選んで読んだり、家庭の文化として読んだりすることができれば、生涯にわたって読み続ける可能性が高まると私たちは主張します。

特定の時間読むように指示したり、その時間の記録を取らせたりすることは、読んでいる内容に熱中して楽しむという目的を妨げてしまうことになります。言うまでもなく、これは楽しんでする活動を従順な活動に転化してしまうことになります。

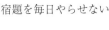

ハックが実際に行われている事例

ベサニー・ヒルさんは、幼稚園から四年生までが通うアーカンソー州カボットにあるセントラル小学校の首席学習者（校長）[12]です。ヒルさんが、毎晩の宿題をどのようにしてやめたのかについて、彼女自身の体験を紹介してくれました。

ヒルさんのストーリー

教師として、私はいつも宿題で苦労していました。その目的について、しばしば疑問を抱いていました。私が毎日宿題を出していたのは、ほかの先生たちが出していたり、学校が求めていたからです。同じ教育委員会が管轄していても、学校によっては宿題に対してさまざまな考え方があることを私は知っています。そして、同じ学校のなかでも、クラスによっては生徒（や家庭）に対してさまざまな期待をもっています。

セントラル小学校の首席学習者に就任したとき、目標の一つにしたことは、宿題に関して一貫した方針をもつことでした。そうすれば、私たちが何を大事にしているのかについて、生徒や家族が理解しやすくなるからです。

教師によって期待することが違うと、生徒や家庭に混乱を招くことになります。しかし、宿題はどんなもので、それを完成させるために生徒がもっている責任については、異なる考え方を教師はもっているものです。そうなると、宿題自体の意味を弱めることにもなります。家庭学習の役割を明らかにしようとするなかで、次のような質問が浮かび上がってきました。

「家族が子どもと一緒になって、夢中で何かに取り組むことの大切さを理解してもらうために、私たち教師は何ができるのか?」

この質問について探究する過程で、「宿題をハックする」というアイディアが浮かんだのです。セントラル小学校では、宿題という怪物を扱うにあたって、教師、生徒、そして家庭に対して、「家族が熱中して取り組む」ということを中心に据えました。具体的には、読むこと、学校から提案されるたくさんの算数ゲーム、家族が一緒に遊ぶこと、そして屋外での自由な遊びなどが含まれています。

投資（時間や労力、場合によっては資金を惜しまず注ぐこと）こそが、親が子どもに提供できるもっとも重要なことです。子どもにとっては、宿題を終わらせるために台所のテーブルに座ら

(12)　その学校の全員が学習者であることを強調するために「校長」や「先生」という敬称を使っていません。教師が互いをどう呼び合うか、そして生徒をどのように呼ぶかは間違いなく重要なことですが、まだ日本では意識されていません。この点に関しては、『言葉を選ぶ、授業が変わる!』を参考にしてください。

されるよりも、家族と一緒に楽しく遊ぶほうがはるかにうれしいのです。それで、夜に行っている保護者説明会では、親に対して研修をしたり、一方的に説明したりしないで、子どもと一緒に取り組める活動を紹介して、実際にやってもらうことにしました（「著者のコメント」参照）。つまり、家族が一緒に取り組めるモデルを示したわけです。それらを体験することで、家でもやってもらうことを期待したのです[13]。

ごく少数の家族が、宿題を出さないことに関する私たちの意図に疑問を抱きました。しかし、個別の会話、保護者説明会でのイベント、そして生徒からの情報提供がその人たちを安心させました。勉強しなければいけないこと、特定の量を読まなければならないこと、読書ノートに書かなければならないこと、そして算数のワークシートを終わらせなければならないことをなくしたことで、より大切なことに焦点が当てられるようになりました。

私たちは保護者に、「子どもに」、「子どもと」、そして「子どもと一緒に」読んでほしかったのです[14]。子どもの社会的スキルを身につけるために（勝ったり、負けたり、順番に交代したりする）、親に子ども

著者のコメント

このような宿題を出すことは、従来の宿題を毎晩することに馴染んでいる保護者に納得してもらう方法として効果的です。

と一緒にゲームをしてほしかったのです。また、創造力を鍛えるために、家で子どもたちとともに自由な遊びに取り組んでほしかったのです。さらに、子どもたち自身が身の周りのことを理解できるようになり、その背景となる知識を獲得するためにいろいろな所を訪ねてほしかったのです。

このような価値のある活動を妨げる従来の宿題を出し続けることに、「正当性がある」などとは言えないでしょう。家族で過ごす時間は想像以上に大切なのです。

日々の宿題の定義を見つめ直したことで、多様な形での学びが展開されるようになりました。本当に喜ぶべきことです。私が生徒のために決断したことのなかで、宿題の改革がもっとも嬉しい改革となりました。宿題の必要性は見いだせず、研究成果の裏付けもない学校の規則を捨て去ることによって、家庭での真のやり取りが可能となったのです。

家庭にとっての優先順位を明確にし、子どもをサポートする家族を支援することが私たちの道

(13)　このアプローチは『ペアレント・プロジェクト』で取られているアプローチですので、ぜひ参考にしてください。

(14)　この三つの異なる読み方については、『読み聞かせは魔法！』を参考にしてください。具体的には、「読み聞かせ」、「対話読み聞かせ」、そして「いっしょ読み」の三つを指しています。読み聞かせ以外も家庭でできる簡単な方法なので、ぜひ試してください。従来の読み聞かせに満足していると、子どもたちの成長を妨げることになってしまいます。

義的な責任となります。私たちは、権限や規則を通して家庭でのやり取りを妨げることもできますが、何が本当に大切なのかを示すことによって、家庭でのやり取りを促進させることもできるのです。

生徒は家で学びたいと思っていない、と私たちは勝手に思い込んでいます。たしかに、私たちの学校や地域でそのことについて生徒に尋ねると、宿題に対して否定的な発言をする人もいます。しかし、ほとんどの生徒が微妙な答え方をしています。彼らは、家で発展的な学びをする必要性は認識しているのですが、その一方で、教師から課せられる宿題の量が少なくなることも望んでいるのです。

著者のコメント

アンケートや出口チケット（会の最後に書いてもらう「振り返り」）の形で、家庭での学習について親がどのように見ているかの情報を集めました。

保護者説明会があった１週間ほどのち、出席を感謝するとともに、会には参加できなかった親も含めて、保護者全員からの反応をまとめる形で各家庭がどのような家庭学習／活動を行っているのかを一覧表にして配布しています。

生徒のコメント――毎日の宿題について

何日かに一回ぐらいはあってもいいですが、毎日宿題があると、単に生徒を忙しくするために出しているとしか思えません。そうなると、真剣に取り組むことができなくなり、後回しになります。たとえば、宿題の提出日が翌週であったり、週に二～三回しか出なかったりするというのであれば、とてもいいと思います。（ブレンダン・ムニョス／高校生）

宿題が毎晩あると、ちょっとイライラします。とくに、同じ教科から毎晩出る場合はなおさらです。バンドに入っているので、宿題をするのが難しいときもあるのです。（フェイス・ガーズィー／高校生）

膨大な宿題の量は減らしてほしいです。完全になくしてほしいわけではありませんが、予定が入っていたのに、それをキャンセルして宿題をしなければならなかったり、完成させるのに三時間も余計に起きていなければならなかったりする状態はよくありません。私たちは、一年のうち九か月、毎日七時間も学校で過ごし、各授業時間は一時間以上もあります。宿題は、生徒が勉強しているかどうかを見るために参考になるのでしょうが、あまりに多すぎると脳みそも疲れるし、

生活に悪影響を及ぼします。（ジャクソン・スティーンウェイク／中学生）

特定の日は思い出せませんが、やることがいっぱいあって忙しく、宿題が最後になるということがしばしばあります。ピアノやスポーツや劇（などの課外活動）に行く日は、宿題に多くの時間を割く気にはなれません。宿題が、楽しいことのできる時間を奪っていると思います。（レイチェル・バーネット／中学生）

友だちよりも、自分は宿題をするのに時間が長くかかります。だから、宿題をするか、家族とともに過ごすかを選ぶ必要があります。長距離レースの準備のためにお父さんが一緒に走ろうと誘ってくれたときなど、宿題があると腹が立ちます。両方とも大事なので選ぶのは大変ですが、いつも宿題が優先されます。それがいいとは思っていませんが、仕方がありません。（アリー・ハミルトン／中学生）

あまりたくさんなければ、宿題はあってもいいです。（ステラ／小学生）

宿題をするときは、寝る時間を遅くしてほしいです。そうすれば、完成させることができるから。（ハンター／小学生）

ハック 2

教室で計画実行の仕方と責任の取り方を教える

—アカウンタビリティー[*1]と時間の管理能力を高める—

成功者になろうとするのではなく、
価値のある人間になるよう努めるべきです[*2]。

（アルベルト・アインシュタイン）

（＊1）日本では「説明責任」と訳しますが、「結果（に対する）責任」のほうがウェートは大きいです。

（＊2）『アインシュタインの言葉　エッセンシャル版』弓場隆訳、ディスカヴァー21、2015年（013）。

問題――教師は責任を教えるために宿題を使っている

よく教師は「生徒に責任を教えるために宿題を出している」と主張しますが、それを育む方法まで生徒に提供することはほとんどありません。もちろん、生徒が時間を管理し、締め切りを守り、質の高い学習をし、学びのオウナーシップ（自分のものという意識）をもってほしいと思っていますが、単に宿題を課すだけでは、それらの目標を達成することはできません。

したがって、宿題を出しさえすれば劇的に責任感がもてるようになると期待することは非現実的となります。また、こうしたアプローチをとることは、学習のねらいを曖昧なものにもしてしまいます。つまり、多くの関係者は、宿題の目的について、責任感を評価するものなのか、生徒の学びを評価するものなのかについて分からなくしているということです。

教えることはとても難しいわけですが、同時にやりがいのある職業です。教室にいる生徒がみんなしっかりと時間管理ができ、勤勉にやるべきことをこなせるのなら、それはそれで素晴らしいことですし、何の問題もありません。しかし、責任を果たすことに対して未熟な生徒がいたとしたらどうでしょうか。

「宿題をしっかりやるべきでしたね。これで、あなたは責任を果たすことの大切さを学んだことでしょう」

このように、不満げに応じるのではないでしょうか。これだと、自分の体調管理の仕方を知らないせいで昏睡状態に陥った糖尿病患者に対して、「しっかりインスリンの注射を打つべきでしたね。これで、あなたは責任を果たすことの大切さを学んだことでしょう」と言っているようなものです。

もし、血糖値をモニターする必要のある生徒がクラスにいたなら、私たちはその生徒に何をすべきかを教えるでしょう。同じことが、時間の管理ができなかったり、責任を取れなかったりする生徒にも必要です。単に症状を見るだけではなく、以下のようなことを念頭に置きながら問題の本質に迫る必要があります。

・宿題をするように言われたからといって、宿題を完成させるための計画実行能力がもてるとはかぎらない。

・宿題をやってこない生徒に対して、教師は宿題の仕方や時間の管理方法を教えるのではなく、より多くの宿題を出したり、補習をしたり、懲罰的な対応をしている。

・社会に出ると分かるが、雇用主はしっかりと責任を果たすこと(1)のできる労働者を欲しがっているにもかかわらず、カリキュラムのなかに、そうしたスキルを身につけるための方法が授業のなかに含まれていることは稀である。

ハック――教室で計画実行の仕方と責任の取り方を教える

いかなる年齢の生徒も、提出用の用紙をなくしたり、時間を無駄にしたり、優先順位がいい加減だったりすることを多くの教師は知っているはずですが、無計画な実行であったり、責任の取り方が十分でなかったりするという理由で、「無責任」という烙印を押してしまうことがよくあります。

このような悪い習慣よりも、生徒にどのような行動をとることができるのかとしっかり教え、モデルで示すという効果的な方法があるのです。具体的には、締め切りをどのように覚えておくのがよいか、提出する用紙などをなくさないようにするにはどうしたらよいか、時間を効率的に管理するにはどうしたらよいか、そして責任をもって自分のするべきことをやり遂げるにはどうしたらよいか、などについてです。

生徒がこれらのスキルを使いこなせるようにすることで、教えるときの焦点を、それらのスキルがあるかどうか[2]を評価することから、それらのスキルをしっかりと身につけることへと転換することができます。

あなたが明日にでもできること

計画を実行し、責任感がもてるようになるために、万能とされる方法はありません。生徒が自立した学び手になっていくためには、一人ひとり、少しずつ異なるアプローチが必要になるかもしれません。

教師は、これまでにないぐらい忙しく仕事をしています。そのうちの多くの時間は、紛失した用紙を探すことや、生徒が提出した宿題への褒美や結果をどのように活かすかといったことを計画するために費やされています。そして、計画の実行ができず、責任感をもてない生徒がいつも同じであることも知っています。要するに、責任を取るように促す私たちの努力は、彼

(1)　翻訳協力者から、雇用者が求めている「責任を果たすこと」は態度なので、スキルとして捉えるなら、「仕事／役割を遂行する」と訳すべきではという提案がありました。英語の「take responsibility」には両方の意味が含まれているものと思われます。

(2)　翻訳協力者からこの部分のコメントとして次のようなものがありました。「必要なスキルを教え、モデルとして示すことや、できないことができるようになるためのサポートすることなど、何をするのか教師の立ち位置が明確ならば、生徒と向き合うすべての場（授業、ホームルーム、面談など）で生産的な接し方ができると思いました」

らの行動に変化をもたらしていないということです。

努力に応じた結果がもし出なかったとしたら、生徒の宿題の進め方や、時間の管理方法を誰からも教えてもらっていない可能性が高いです。カリキュラムを最初から考え直す必要はありませんが、どの場面で計画・実行の方法や、責任の取り方といったスキルを教えるかについてはっきりとさせる必要があります。これは、単に宿題を出し続けることとはまったく異質なものとなります。

計画帳で、できるかぎり時間を管理させる

たいていの年少の生徒は、計画帳(3)を使って日々の予定を管理しています。教師が黒板に書き出したものを写す形で、学校での出来事などを親に伝えたり、翌日学校に持ってくるものを記入したりするものとして使われています。つまり、過去に起こったことの記録としてよりも、今後の計画を立てることに力点が置かれているのです。

もし、毎月の予定を保護者に知らせているなら、生徒自身に関係するものを計画帳に書き出すことができます。必要なら、保護者にサポートをお願いしてもいいでしょう。単に学校関係の行事や授業に関連することだけでなく、家族の予定も書き出すようにすれば、自らの時間管理の全体像が見えやすくなります。

教室では、どんな予定があるのか生徒自身がチェックできるようにするため、計画帳を取り出す機会を頻繁につくります。たとえば、翌週に大好きなおばさんの誕生日があるとしたら、そのプレゼントとしてライティング・ワークショップ（国語）[4]の授業で詩を書くという選択をする生徒がいるかもしれません。こうすることで、先延ばしにしたり、何もせずに時間が過ぎ去ってしまうことなく、しっかりと計画することが教えられます。

カレンダーを対象学年に応じたものにする

中高学年の生徒には、重要な日程などを書き込んだシラバス（年間指導計画）のコピーを渡して、長期的な学習計画を立てられるようにします。さらに、グーグル・カレンダーなどを使って、計画を思い出すときに役立つメッセージを自動に送信できることも教えます。それを行

（3）日本の学校では、連絡帳に締め切り日などを書くことはありますが、このあとに説明されているように、生徒が家族のメンバーとして計画して行動するために必要なことを書くものにはなっていません。

（4）従来の作文の授業と違ってライティング・ワークショップでは、一人ひとりの子どもが書きたいことや書く題材と対象を自分で決めています。テーマと対象が生徒にとって鮮明だと、書き直しや校正もいとわなくなるので書く力が格段につきます。詳しくは、『ライティング・ワークショップ』『作家の時間』『イン・ザ・ミドル――ナンシー・アトウェルの教室』を参照してください。

うときは、生徒が提出日のどれぐらい前にメッセージを送るように設定するかを判断することになります。たとえば、「いまから取りかかれ」や「プロジェクトの締め切りは三日後」など、生徒自身にあったメッセージを書き込みます。

自分で時間を管理する方法を教えることは、生徒一人ひとりのやり方を尊重していますし、口やかましく言われるのではなく、効果的にメッセージを受け取る方法ともなります。(5)

効果的な学習習慣を身につけることを目標にする

学ぶことに必要となる要素にどんなものがあるかについて、生徒とブレインストーミングしてみてください。生徒が効果的な学習のための資質を発言しはじめたら、それを記録してください。たとえば、賢い、読むのが好き、進み具合を把握している、指示に従えるなどといった資質が含まれているかもしれません。挙がったリストを、知識、責任、姿勢（態度）などで分類してみます。(6)

さらに、対象となる学年に応じて、それぞれの分類が表す資質を分かりやすく説明できるようにします。それぞれの資質が実際どのように見えるかについて、良い事例と悪い事例で示すことができるといっそう分かりやすくなるでしょう。

こうしてつくりだしたリストを教室の壁に貼り出すのです。なかには、そのリストに署名をさせる教師もいます。それによって、自分たちでそれらの資質が身につけられるように努力することになる、と思っているからです。もし、複数のクラスで教えている場合は、それぞれに固有のリストをつくらせるとよいでしょう。

クラス内の役割分担を明確にすることで各自が責任を取る

学校で行うリストが教室内に貼り出されていれば、自分の役目をしっかりとこなすだけでなく、各自に目的や日々の役割を意識化する場合に役立ちます。もちろん、その役割は、生徒が十分に責任を果たせるものであり、もし果たせなかったときは、それがはっきりと分かるようにしてください。

たとえば、生徒が授業の最初に出席を取るときなどは、責任を果たしているかどうかは誰の目にも分かりやすいものです。もし、この生徒が事前に欠席することが分かっている場合は、誰かに交代してもらうことで責任を取ります。

(5)　訳者もグーグル・カレンダーの愛用者ですが、これのおかげで約束や締め切りを忘れることはありません。手帳は一〇年以上前に使うのをやめているので、これが必需品となっています。

(6)　普通は、知識、技能（スキル）、姿勢／態度の三本柱だと思うのですが、言葉として、技能（スキル）の代わりに「責任」が使われているところが面白いです。

このようなことを教室で行っていると、異なるレベルの責任があることを生徒は理解するようになります。もし、誰かが休んだときはその役目を果たす人がいないので、クラスメイトはその役目の大切さと、全員に影響を与えていることにも気づきます。

図2－1では、それぞれの生徒に責任が取れる機会を提供するため、教室における役割の例を紹介しました。

教室で自然と生まれた責任を取っていた場面を、考え聞かせ[7]で示す

たとえば、次のような言い回しになるかもしれません。

「明日、私は学校に来ることができま

図2－1　役割の掲示板

- **在庫管理者**――課題を完成するために必要とされるものを、グループのメンバー全員が確保できているかについて責任をもっている。
- **エジソン**――クラスで使うことになっているICTや道具などがすぐに使える状態にしておくことに関して責任をもっている。
- **配布役**――用紙などの資料をクラス内に配布することに関して責任をもっている。
- **監督**――すべてのことがスケジュール通りに進むように、スケジュールや時間の管理をしたり、必要な修正を行ったりすることに関して責任をもっている。
- **記録係**――授業の要約をつくり、休んだ生徒にそのコピーを渡すことに責任をもっている。
- **広報担当者**――保護者へのメモ、クラスのブログやツイートなどを使って情報発信することに責任をもっている。
- **代役**――休んだ生徒の代わりに役割を果たすということに関して責任をもっている。

せん。私がいないと、何かできないことはありますか？　今週のテーマは、しっかりとコミュニケーションをとることです。ですから明日、代わりの先生にそのことを伝えて、やってもらわなければなりません。また、明日起こったことで、私が知っておいたほうがいいことを把握する必要もあります。学校に戻ったら朝一番に連絡を取りますので、前日のことを教えてくれるようにあらかじめ頼んでおいたほうがよいでしょう。いや、明日の放課後に代わりの先生にメッセージを送れば、明日中には情報が得られます。そうすれば、明日中に必要なことが分かりますので、明後日学校に来ても、予定に遅れることなくすべてがうまくやれると思います」

責任を取った行為を認める

自分たちで設定した教室の規範を体現している生徒に対しては、認めてあげることが大切となります。生徒の保護者に連絡をとり、教室で具体的にどんな行為をしたのかという情報を提供するのです。そして、家で責任を取る際に行っていることを尋ねます。もし、よいアイディアを提供してくれたときは、積極的にそれを教室で試してみましょう。

（7）　相手や生徒には見えない／分からない話し手の頭の中を、声に出して紹介する方法です。具体的な方法については、『読み聞かせは魔法！』の第3章と『「学びの責任」は誰にあるのか』の第3章をご覧ください。

逆に、保護者がアドバイスを求めてきたときは、家で責任と時間の管理を身につけるアイディアを提供して、学校と家が協力して取り組んでいける機会にしましょう。

完全実施に向けての青写真

ステップ1 同僚と協力して、学びの規範づくりをする

「あなたが明日にでもできること」のセクションで紹介した、生徒と考え出した教室での規範リスト(8)を同僚と共有します。そして、そこから生徒に身につけてほしいテーマを見つけ、鍵となるスキルを明らかにするのです。そのあと、みんなの意見をまとめた規範リストをつくりだし、責任感をもつためや大切なスキルを身につけるためのミニ・レッスンを考えるのです。

生徒がこれらの規範を学校と家庭で練習するための機会を、教師は提供すべきです。そうすることで、家庭学習に意味をもたせることができますし、生徒が学習目標を達成する能力を育成することにも貢献します。単に「宿題をするように」と言い、もししなかったときには罰を与えるようなことをしていては、責任感というものを育てることはできません。陸上の練習や夕食、また友だちとの遊びなどに費やす時間をどのように調整したらいいのかということに関する指導を

することなく、生徒が自分で考え出すことは困難です。

ステップ２　学びに関する規範の事例をつくりだす

身につけることが望ましい規範について生徒が共通認識をもつには、「責任」という言葉の意味について、教室の空気や、ひいては「学ぶこと」そのものにまで影響を及ぼす具体的な証拠を提示して伝えます。その反対の状態や対義語を生徒に出させることは意味がない、と思われがちですが、じつは有益です。両方の状況を提示することで生徒は覚えやすくなるのです。

さらに、**図２－２**を使うことは、馴染みのない言葉をはっきりさせることに役立ちます。また、次のような質問をすることで、学習に欠かせない規範をイメージさせることができます。

・計画されている状態と計画されていない状態は、どのように見えるか？
・計画されていないときの影響に、どのようなものがあるのか？
・常に計画されている状態にするためには、どうしたらいいか？

（８）翻訳協力者から、「責任を取る」と同じように「規範」には強制的な感じを受けるので、「責任の資質リスト」のほうが表現として近いのでは、というコメントがあったことを参考までに書いておきます。その意味では、ここでいう「規範」には、道徳や倫理的なものから資質まで、責任を果たすのに必要な幅広いスキルが含まれていると理解してください。

ここで行うような、生徒自身が活用できるスキルを認識しておくことで、「あなたが明日にでもできること」において定義した言葉を、しっかりと理解することになります。

ステップ3　責任に関するスキルを教えるための授業を組み込む

もし、あなたが「すでに生徒は○○ができるはずだから、教える必要はない」と思ったときほど、そのことについて教えたり、教え直したりする必要があることをふまえておいてください。「ステップ1」で生徒とつくりだした学びの規範リストと、「ステップ2」でそれらを明確にしたものを使って、時間の管理と責任を含めた規範についてのレッスン[9]を考え出します。レッスンをしたあとも、学校や生活のなかで、それらの習慣や規範が大切なことを繰り返し指摘することが大切です。

図2－2　馴染みのない言葉を理解する

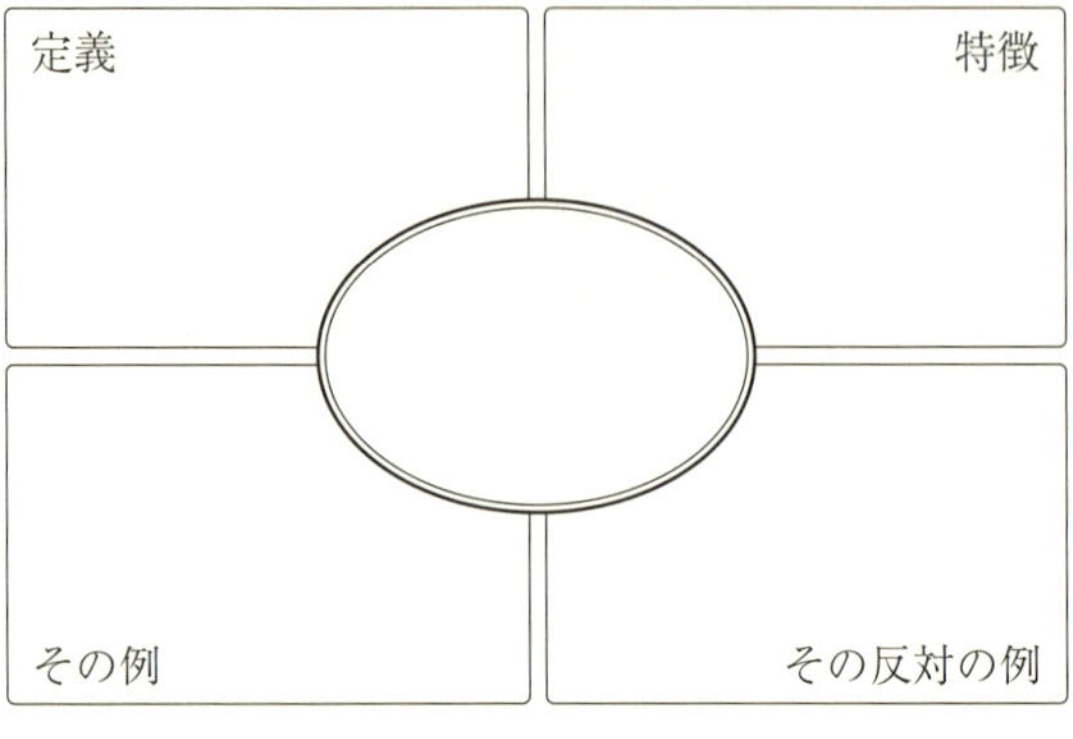

ステップ４　責任に関するスキルを示せるような機会を提供する

宿題が終えたかどうかをチェックするとき、多くの場合、私たちは「責任」の本当の意味を取り違えているものです。友だちがした宿題を丸写しした生徒、ブログなどから切り貼りした生徒、ほとんどを親に助けてもらった生徒、期日どおりに宿題を提出できない酌量すべき事情があったことを教師に説明した生徒がいた場合、このなかで誰がより責任感があると思いますか？

今晩、サッカーの試合があり、家に戻るのが遅くなることを説明する生徒のイニシアティブ（行為）を受け入れない教師はいないでしょう。ほとんどの教師は、このような制約に対しては、生徒との間で別の計画案を立てる方法を探すことでしょう。このことは、当事者の生徒だけでなく、クラス全体にとっても大切なことを教えるよい機会となります。

このような状況において効果的なのは、生徒と教師の間で「フィッシュ・ボウル（金魚鉢）」という方法を使って「責任」についてのやり取りをすることです。金魚鉢というのは、教室の真

（9）「授業」とは訳さず、レッスンのままにします。理由は、ライティング・ワークショップなどで行われている、できるだけ短い時間で行うミニ・レッスン（五〜一〇分）のほうが長いレッスンよりも効果があるからです。教師が長い時間をかけて教える＝生徒はよく学べるという方程式は、ほとんどの場合成り立ちません。できるだけ、生徒が実際に「する」時間を多くとることを授業の核に据えることが求められています。この考え方については、『「学びの責任」は誰にあるのか』を参照ください。

ん中に数人が座ってやり取りを行い、残りの生徒がそれを取り巻く形でそのやり取りに耳をすまし、観察することです。サッカーの試合に関するロールプレイでは、先を見越して行動することの効果を示すだけでなく、言い訳を言うことなく問題の解決策を自分たちで見いだすことになりますので、状況を自ら改善する担い手（つまり、ハッカー）に転換させるときに役立ちます。金魚鉢でのやり取りの例を以下で示しましょう。

ソフィー　理科の振り返りの提出日が明日であることは分かっていますが、今晩はサッカーの試合があります。月曜日に提出してもいいですか？

教師　スケジュールが理由で問題のあることを事前に知らせてくれてありがとう。締め切りを守り、今晩の試合にもしっかり勝つという創造的な解決策について考えてみましょう。どんな選択肢を考えていますか？(10)

ソフィー　選択肢？　何も考えていません。

教師　それじゃ、いま考えてみましょう。宿題をするのに、どのくらいの時間がかかりますか？

ソフィー　一五～二〇分というところです。

教師　学校が終わってから寝るまでの間に、その時間をどこかでつくりだせないかと考えてみてください。

ソフィー　サッカーの試合に行く途中にやれると思います。(11)

教師　それは選択肢の一つです。ほかにありますか？

ソフィー　家に戻ってからできます。でも、もし試合に勝ったらアイスクリームを食べることになっています。

教師　試合に勝って、アイスクリームも食べると仮定してください。ほかに宿題ができる時間を考えることができますか？

ソフィー　祖母に迎えに来てもらう時間を少し遅らせてもらって、家に帰る前に宿題を終わらすことができるかもしれません。

教師　それもいい選択肢ですね。ほかに考えられますか？

（このようなやり取りを続けて、ソフィーに考えつくかぎりの選択肢を出してもらいます。(12)）

教師　あなたは、バスの中、迎えに来てもらう前、寝る前、そして少し早めに起きて朝のうちに、

---

(10)　まだ考えていないであろう生徒に対して「すでに考えているのでしょ」という質問をあえてすることによって、「常時すべきだ」というメッセージを発信することになります。このような問いかけの大切さについて興味のある方は、『言葉を選ぶ、授業が変わる！』と『オープニングマインド』を参照してください。

(11)　これも、『言葉を選ぶ、授業が変わる！』で紹介されている大事な戦略の一つです。ほとんどの場合、一つではなく多様な選択肢をもっていますので、そのことに気づかせることも教師の大切な役割となります。

という四つの選択肢を考え出しましたが、これらのなかで一番好ましいのはどれですか？

ソフィー　祖母に少し遅く迎えに来てもらい、学校が終わったあとに宿題を終わらせてしまうことです。そうすれば、試合にも集中することができます。

教師　それはよい判断です。とてもよい問題解決でした。結果的に、宿題の提出日を守る責任も果たすことができます。

金魚鉢が終わったあと、周りでソフィーと教師のやり取りを観察していたほかの生徒が、このやり取りの効果について話し合いました。もっとも大切なことは、もしソフィーが自分の抱えていた問題について相談せず、翌朝、宿題をやらずに登校していたらどうなっていたか、ということでした。

金魚鉢という方法は、年少の生徒にも年長の生徒にも効果的です。多くの小学校の教師が、運動場での公共性や教室での優しさについて教える場合に使っています。あなたも、時間管理の仕方や責任をモデルで示すために、どんな方法をもっているかについて考えてみてください。

ステップ5　学んだ方法を家でも使えるように生徒をサポートする

すべての親が、自分の子どもが性格よく育ち、将来成功してもらいたいと願っていることでしょう。それを実現するためにそれに関するスキルを伸ばす必要があるのですが、そのために保護者と協力することは「よい関係づくり」にも役立ちます。それ以外にも、家庭での生徒の行動と学校での行動を結びつけることもできます。

この件で保護者とコミュニケーションをとるときには、責任について生徒にどのように教えるつもりなのか具体的に伝えてください。「ステップ２」のような方法を使って、生徒が規範（ないし資質）を明らかにしたことや、親がどのような方法でこれらの規範や資質を家庭で伸ばすことができるのかという情報を提供するのです。

本章の「ハックが実際に行われている事例」では、ある教師がさまざまな提出物をどのように管理したらよいかについて生徒に教えています。この方法は、家庭で自分のクローゼットや机を整理する場合にも使えます。家庭で、このスキルを磨く機会を探してみてください。

家庭で整頓したり、計画したりする習慣を身につけたいなら、年少の生徒にはおもちゃ箱を片づけさせたり、年長の生徒には冷蔵庫の中の食べ物をダメにしないような配置にすることを手伝わせるといったことが具体的な例として挙げられます。

(12)　生徒に選択肢を考えさせるという方法が、責任を取るうえでとても重要な意味をもっています。教師が「こうしろ！」と強制していては、生徒が主体的に考えて行動できるようにはなりません。

ステップ6　年間を通して学びの規範を見直す

「ハック2」で紹介されている習慣は、頻繁に見直して、練習する必要があります。もちろん、ほかのハックの場合も同じですが、一度練習したからといって簡単に規範やスキルが身につくわけではありません。これらの規範や資質を身につける練習は継続的に行い、教師は絶えずそのスキルを磨くための方法を模索していかなければなりません。

規範や資質を見直す時間を時間割のなかに確保し、あなたか、生徒か、保護者がよいと思った方法を追加して練習するようにします。常に自分で新しいことをつくりだす必要はありません。整理整頓をしたり、計画を立てたり、責任を果たしたりする機会はどこにでもあります。そうした機会を意図的に活用すればよいのです。

課題を乗り越える

教科指導のなかで生徒がライフスキルを身につけられるようにするためには、多くの教師の意識改革が必要になります(13)。

生徒に宿題をさせるために教師は、成績、ご褒美シール、称賛などといった動機づけをしばしば使っています。逆に、昼休みの拘束[14]、保護者への注意を促すメモ、成績を下げるなどといった処罰や処置もとっています。

こうした「褒美」や「罰」が特定の生徒に役立たないときはそれらを強化することになりますが、結果が変わることはありません。それゆえ、宿題をしない生徒の根本的な原因が常習化している場合は、時間の管理や責任についてしっかりと教えなければなりません。逆に、生徒が積極的なより良い行動を意図的にとったときは、それをきちんと認めることで、彼らの学校生活に対する姿勢を根本的に変えることもできます。

私の仕事は教えることで、生徒の仕事は学ぶこと

教師は教えているつもりでも、生徒の学びが起こっていないときは、単に話をしているにすぎません。

年少の生徒に、教育の長期的な価値を理解させることは簡単ではないでしょう。しかしながら、

---

(13)　ライティング・ワークショップやリーディング・ワークショップ、およびそれらの応用を国語以外の教科で実践することは、ライフスキルやＥＱなどを同時並行で身につける教え方・学び方です。「ＷＷの思わぬおまけ」で検索すると、関連記事を読むことができます。

(14)　学校で子どもが受ける罰の一種で、食堂でみんなと一緒に食べられないという行動制限のことです。

教育は義務となっています。そのため、生徒には学びたいか否かの決定権が与えられていません。気乗りがせず、興味も示さず、やる気もないとき、彼らのやる気を引き出す方法を見いだすことが教師の役割となりますし、課題を終了させるためのスキルを提供することにもなります。

学校に対して無関心な生徒が、ある日目覚めて、突然、自分が学んだことを教室の外で応用しはじめるということは期待できません。時間の管理や責任を果たすことに問題を抱えているのであれば、宿題をすることで身につけることを期待するのではなく、それらのスキルを細かく分けて教えることで身につけられるようにしましょう。

著者のコメント

褒美や罰が特定の生徒に役立たないとき、しばしば私たちはそれらを強化しますが、結果が変わることはありません。

就職に役立つようなスキルを教える時間がない

それらのスキルを教えないということは許されません。もしあなたが、生徒がなくしてしまったワークシートを配ったり、生徒が終わらせられていない課題について教え直したり、友だちのものから写した宿題に成績をつけたりしている時間をすべて合計したら、就職に役立つスキルについて本を書くだけの時間があるはずです。

年度当初に、教室のいろいろなやり方（ルーティン）について時間を割いて教える場合と同じように、教室での学びが円滑に進むために、生徒に責任を取るとはどういうことで、どのように時間を管理したり、整理整頓をしたりしたらいいのかについて教えることはとても有益です。

中学生や高校生は、教室内の役割分担を子どもじみていると思っている

それらを、本当の仕事に関連づけるとよいでしょう。年度当初、役割の説明と応募用紙とともに「求人募集」のサインを掲げるのです。これらの役割を果たしたことは、責任を果たしたことの証として、大学に願書を提出する際の推薦状にも含めます。そして、大学が、自分の学びの責任が取れるだけでなく、クラスメイトの学びをサポートできるだけの、信頼に足る学生を求めていることを強調します。[15] 求人募集を出す役割を決めるために、模擬インタビューを行ってもいいでしょう。

---

(15)「日本では、推薦するにはこれが必要だから、あなたはこれをやらなければいけないという指導をする教員が出ないかと心配です」というコメントを翻訳協力者からもらいました。欧米では、大学や会社などへの推薦状は、日本の内申書と違って、誰に書いてもらうかについては生徒に選択権があります。こんなところにも、「管理」と「主体性」の根源的なテーマが隠れています。

ハックが実際に行われている事例

タムラ・ダラー[16]先生は、小学校でも中高一貫校でも教えた経験があり、現在は中学校のリテラシー・コーチとライティング・ワークショップの教師をしています。彼女は、すべての生徒は学べると信じています。ただ、生徒は同じ日に、同じ方法で、同じスピードで学ぶわけではないと考えています。ここでは、生徒がより責任感をもてるように、ミスをどのように学びに転換したかについてダラー先生に説明をしてもらいました。

ダラー先生のストーリー

長年にわたって、私の許容範囲をはるかに超えて、提出義務のある宿題をなくした生徒の言い訳を聞かされてきました。「せっかくやった宿題を犬に食べられてしまった」と言う生徒はさすがにいなくなりましたが、みなさんが想像できるように、思春期前の子どもたちは機転が利き、どんな言い訳をすればいいのかよく知っています。

言い訳のなかでも、究極の一撃と言えるものは、生徒から教師に責任転嫁するものです。たとえば、次のような内容です。

生徒が教師の目を直視しながら、「自分はすでに宿題を提出した」と厳粛に言うのです。そして、「それをなくしたのは教師の過失だ」と。

このような天才的なひらめきによって、問題は生徒から教師へとシフトすることになります。生徒に宿題をなくしたことを認めさせようと教師が躍起になっても、何の意味もありません。

三週間後、定期的なロッカーの片づけを行ったとき、その生徒の宿題が出てきました。サクランボのような匂いのするガムで、もう一枚の紙にくっついていました。

このようなシナリオに対処するために、私の同僚は生徒に、自分で整理整頓をさせるための（希望者が参加できる）クラブを昼休みにはじめることにしました。クラブではピザが用意されていたのですが、生徒はいらない紙をボールにして、ごみ箱をゴールに見立ててバスケットボールをしていました。強烈なダンクシュートに使われていたのは大切なワークシートでした。生徒は必要な用紙をノートの後ろに挟んでいましたが、いらないものはすべてどこかにやってしまっていたのです。こうする以外に、生徒は保存すべきかどうかを決める方法を知らなかったのです。そのクラブは一年後に解散しました。

---

(16)　教育委員会レベルで各学校の教師に、読み・書きの効果的な教え方（つまりは、リーディング・ワークショップとライティング・ワークショップのことです）をサポートするコーチのことです。サポートの仕方は、カンファランス、コーチング、モデルを示すことなどが使われます。

そこで、毎月第一月曜日、読みに関する補充クラスで生徒に整理整頓の仕方を教えることにしました（もし、新しい生徒が来たときは、個別に時間を決めて追加でやりました）。まず、生徒全員に鞄とロッカーの中にあるすべての用紙を持ってこさせます。たとえ、その用紙がゴミのように見えたとしても、です。

持ってきた用紙を、机の上か床で「保存」「ゴミ」「?」という三つに分類させます。一つ目は、まだ終わっていない課題、授業のメモ、スケジュールなど保存しておく用紙です。二つ目は、捨てるべき用紙です。このなかには、いたずら書き、すでに書き直して清書している作品の下書き、あるいは一つの作品を余分にコピーしたものなどが含まれます。そして三つ目は、保存すべきか捨てるべきか判断できないものです。さらに、この三つの目の山について、保存すべきか捨てるべきかを判断するために、用紙の目的を評価するための方法を生徒に教えます。

私は一枚一枚の用紙を手にして、「これは保存?　ゴミ?　分からない?」と尋ねていきました。このやり方を生徒が理解したら、私は後ろに下がって励まします。次に、生徒が「保存」に分類した用紙を教科別に分類し、各教科のフォルダーに入れるようにしました。そして、学期が終わるまで、「ゴミ」と「?」に分類された用紙を書類棚の奥に保管しておくように伝えました。多くの場合、大切な用紙は生徒にとってゴミのように「見える」からです!

もちろん、「用紙を捨てるのは当然の権利だ」と言って、生徒が怒りながら教室に入ってくることも予想していました。

生徒は体験を通して、整理整頓することが自分に役立つことを学びました。「？」のなかから翌週に必要なものが出てくるかもしれないので、生徒はそれへの対処の仕方を自ら考え出しました。

整理整頓をはじめたばかりの生徒は、何が大切で、何が大切でないのかを判断するだけのスキルをもっていません。私が教えている読みに関する補充指導のクラスでは、それができるようになるための最低限の枠組みを提供しました。

一般的に教師は、分数の掛け算をしたり、説明文を書いたりする方法について、どうしたらいいかと悩んだときは最善の教え方を採用するものです。同じように、時間やモノをどのように管理したらいいのかについてしっかりと教えることが、「責任」というものを教えることになります。

著者のコメント

ダラー先生の同僚は、宿題の問題は能力やモチベーションとは関係ないことを認識しました。単純に、生徒がすべての用紙と締め切りを把握できなかっただけです。彼らは状況を把握して、きちんとやりこなす仕組みを知らないのです。

ダラー先生の学校が、生徒に整理整頓のスキルを身につけさせる時間を提供するというのは正しい判断です。逆に、もし生徒に指導が提供されず、自分で使いこなせるやり方を身につけていなければ、それをやれるようになることは期待できません。

もし、生徒がやるべきことや宿題のことを把握していなければ、自分の時間を管理することができず、結果的に、ほかの人たちから「責任が取れない人」と見られることになります。

たとえば、ピタゴラスの定理に関して言えば、教えなければ生徒がそれを身につけることはありません。それと同じで、整理整頓して自分の時間を管理できるようになることは、生徒が責任をもって行動するための前提なのです。ここでのハックは、学校だけでなく、生涯を通じて役立つスキルを指導する一つの具体的な事例を示しています。

これらの大切なライフスキルを身につけ、頻繁に練習が続けられるようなレッスンとルーティンを教師が実践することを私たちはおすすめします。毎日宿題を出すことが、そのための解決法ではないのです。本書で紹介しているような学校外での課題を出すことで、計画や責任といった、生徒が成功するために必要となる役割を果たすことになります。その結果、生徒は大切なライフスキルを身につけ、学校外での学習でそれらを活用するようになるのです。それは、社会の誰にとってもよいことだと言えます。

著者のコメント

生徒が新しく学んだスキルを活用する際、安心してその方法が使える機会を提供すると効果的となります。

ハック3

信頼関係を築く

—学習を促進する建設的な関係を構築する—

教育者の最高の技術とは、若者に創造的表現と知識の喜びを発見させることです(＊)。

（アルベルト・アインシュタイン）

（＊）『アインシュタインの言葉　エッセンシャル版』弓場隆訳、ディスカヴァー21、2015年（073）。

問題――壊れた関係は無駄な争いを増大させる

生徒が宿題をしない理由はたくさんあります。たとえば、忙しすぎることや教師に好かれていないと感じるときなどです。教師と良好な関係が築けていないと感じるときは、学びに対してやる気をなくし、授業や宿題に対して「なぜ、こんなことをしなくてはならないのか」というように、ネガティヴな心情が表れてしまいます。

教師を嫌いになった生徒は、宿題をやろうとしません。もちろん、このような感情は学習全体に悪影響を及ぼすことになります。

学習というものは「苦役」で、しょうがないからやるものだと捉えてしまうと、本来の目的とはかけ離れたものになります。宿題に対する反発が続き、取り組みを通して出合える学びの機会や、やり遂げるなかで実感するはずの自らの成長よりも、宿題を「完成」させることが学校においては大事な意味をもつというメッセージを発信し続けることになります。次のような基本的な考え方が、ここでのハックの原動力となります。

・生徒とよい関係を築ける教師は、学びの質を高めることができる。両者の間に信頼関係があると、進歩と成長に関する意味のある会話が起こる。

・教室の文化というか雰囲気が、教室内外での学びに対する姿勢を決定づける。もし、教師が「これをしなければ昼休みはなしですよ」といったような言葉を使うと、学ぶことが嫌いになり、宿題もしなくなる。
・学びとその進み具合に焦点を当てた会話は、課題をこなすことではなく、身につけることに焦点を当てたものになる。それに対して、教師と生徒の無駄な争いは、宿題／家庭学習の目的を曖昧なものにし、大切な知識やスキルを身につける際の妨げとなる。

ハック——信頼関係を築く

もし、求められている知識・技能・態度をすべての生徒に身につけさせたいなら、信頼関係を築くことが、それを達成するもっとも効果的な方法となります。それが、宿題には当てはまらないということがあるでしょうか？

もちろん、「生徒がやりたがらないのです」と言うことは簡単です。しかしながら、生徒のことと、彼らが何を必要としているかについてをよく知っていれば、教師と生徒が無駄な争いをせずにすむ方法を見つけることができます。

どのように宿題をやっているかを知ったうえで、生徒と話をしなくてはいけません。それができなければ、丸写しをしたかどうかについて問うこともなく、提出したかどうかだけを確認することになります。

教師が生徒と信頼関係を築くことは、彼らを一人ひとりの個人として見るためのきっかけを提供してくれます。(1) また、彼らの好む学習スタイルを理解することを助けてくれますし、彼らのモチベーションを高めます。(2) そして、クラスの雰囲気を壊すという無駄な争いがなくなります。本章のハックでは、もっとも困難を抱えている生徒であってもよい関係を築けるようになるアイデアを提供します。

あなたが明日にでもできること

笑顔で生徒を迎え入れる

読者のみなさんは、「行動は言葉より説得力がある」という諺を聞かれたことがあるかと思います。教室で生徒を笑顔で迎えることを優先順位の高いところに位置づけることは、あなたにとって生徒こそがもっとも大切な存在なのだというメッセージを送るだけでなく、彼らの顔色や様子から、その日の調子を知ることができます。

教室の入り口で素早く生徒をチェックすることは、あなたが一人ひとりを大事に思っていることを代弁しているわけです。信頼関係を築くための方法は、学校外での学びが必要なとき、生徒に思わぬ効果を生み出すことにもなります。

生徒の些細なことに気づき、それについて伝える

小さな変化について、誰かに気づかれると生徒はうれしく感じるものです。集団に入りにくいという生徒も同じです。「それは、新しい靴？」「髪を切ったの？」「昨夜の誕生ケーキはどうだった？」といった言葉かけは、あなたが授業のことだけを考えているのではなく、生徒一人ひとりに興味をもっているとか、気になっている点を伝えていることになります。

（1）この文章について、「教師は生徒と信頼関係を築くために、生徒一人ひとりを一人の人間として尊重して見ていくことになります」と訳したほうが分かりやすいという提案が翻訳協力者からありました。信頼関係が手段なのか、それとも目的なのか……欧米では手段のようです。

（2）一人ひとりがユニークな存在である点を踏まえた教え方・学び方については、『ようこそ、一人ひとりをいかす教室へ』が参考になります。

「互いを知り合う」アクティビティーをする

アイスブレイキングの活動を通して、生徒について学んでください。(3) 年度初めや学期の初めに、単純な「名前ゲーム」(4) をする代わりに、「二つの真実、一つの嘘」をやってみてください。これは、自分について正しいことを二つ書き、間違っていることを一つ書いて、互いに嘘を当て合うというゲームです。

このゲームでは、書くテーマを食べ物や余暇の時間にすることで、何度でも行うことができます。このゲームで得た情報は、スキルの例としたり、教室で学んだことが学校外でも応用できることを説明する場合に使うことができます。

成長マインドセットの言い回しを使う

生徒がよくできたときなど、その能力を褒めることはやめましょう。「あなたは頭がいいね」や「あなたは天才ね！」といった褒め言葉は能力のあるなしを決めつけることになりますので、努力することを否定することになります。ひょっとしたら、一生懸命考えることに意味を見いだせなくなるかもしれません。

逆に、生徒が自分のことを有能な学び手と捉えられるようになると、自らの成長に自信をもって取り組むようになります。

ここに掲載した**表3－1**は、あなたのフィードバックの仕方を見直すヒントを示したものです(5)。

---

(3)「アイスブレイク」ないし「アイスブレイキング」で検索すると、たくさんの参考資料がすでに出ていることが分かります。

(4) 自分の名前と同じ言葉ではじまる言葉をつけて、自分を紹介するというゲームです。たとえば、「常に余裕がある吉田です」という感じで。次の人は、「常に余裕がある吉田さんの隣に座っている、大志を抱いている高瀬です」と続けていきます。最後の人は、全員の一言紹介を言わないといけないので大変です！

(5) 成長マインドセットに基づく言葉のかけ方については、『オープニングマインド』と『親のためのマインドセット入門（仮題）』を参照してください。

表3－1　フィードバックの仕方を見直す

……と言う代わりに	を試してみる
あなたは突出した能力をもっているのね。	あなたの努力が（具体的な事例に）表れています。
あなたには書く才能がありますね。	あなたは自分の主張（声）を表すことに努力を注いでいたのですね。作品がとてもよくなっています。
あなたの成績を誇りに思います。	あなたは自分の努力が実ったので、うれしいでしょうね。
あなたは頭がいいので、簡単だったでしょう。	課題があなたのレベルにはあっていなかったことを認めます。明日は、挑戦しがいのある問題を用意しておきます。
次はもっと頑張ってください。	あなたが改善し続けられるために、これから学べることは何ですか？

完全実施に向けての青写真

ステップ1　情報を「見える化」する

「あなたが明日にでもできること」で紹介した（五八ページ）以外の「生徒のことを知る」活動[6]を通して得られた情報を、しっかりと記録しておくようにします。そして、それを授業で活用するのです。もし、七五パーセントの生徒がサイエンス・フィクションに夢中になっているなら、あなたは時空を旅する本を選ぶことになるでしょう。

また、集めた情報を表示することによって、一人ひとりの生徒に興味をもっているだけでなく、あなたが信頼関係を築きたいと思っていることも示すことができます。生徒のこだわりや情熱について知ることが、テキスト、時事、あるいは授業外の雑学テーマなどを選択する際の判断材料になるのです。

情報を集めることは、扱う内容に関する影響以上の効果があります。すでに生徒がもっているスキルや才能に気づかせてくれます。ある生徒が面白半分で何かについてのハウツー動画をユーチューブにアップしていることを知ったら、そのスキルを使って、家の中に存在するさまざまな角度を見つけて測る動画や、アブラハム・リンカーン（Abraham Lincoln,1809～1865）の有名な言葉を使った動画をつくるように提案したり、それらの動画が自分にどのような意味をもたらすものなのか考えてみようと提案するのです。

このような建設的な雰囲気がクラスのなかにあれば、教師が無理やりやらせることなく、生徒は学習することを楽しみ（実際、高いモチベーションを示します！）、家庭学習にも積極的に取り組むようになるはずです。

ステップ2　困難を抱えている生徒と一緒に対処法を計画する

教室で苦労している生徒は、宿題においても苦労する可能性が高いものです。したがって、できるだけ早く彼らを助ける必要があります。

学習において抱えている問題を明らかにするために、時間を確保して話をはじめてください。課題や宿題の提出を厳守できない理由が何であるかについて把握することができれば、その問題

（6）　情報は、アンケートやインタビューなどのほうが集まりやすいものです。「プリント類ダウンロード、ライティング・ワークショップ」で検索をし、そのなかから「読むことについてのアンケート」などを見ていただければ質問項目の例が見られます。また、『イン・ザ・ミドル　ナンシー・アトウェルの教室』の一二二～一二六ページには、著者が実際にアンケートをしっかりと実施して、それを整理して活用している様子が詳しく描かれています。

に対処することが可能となります。間違っても、宿題が提出できない理由を一方的に決めつけてはいけません。

授業が理解できていない場合は、補習が必要かもしれません。しかし、一人親の家庭で親が夜のシフトを行っていて、弟や妹たちの面倒を見なければならないといった家庭環境の場合、補習は必ずしもベストの解決策とは言えません。

時に、教師はすべての生徒に同じ量のサポートを提供しなければならないと思いがちです。また、特別な配慮を受ける生徒がいると、ほかの生徒と比べて公平ではないため、そのようなサポートは必要ないと考えることも少なくありません。しかし、学びを身につけるまでの継続的な営みと捉えたなら、必要なサポートを必要なときに生徒は得られるべきです。生徒のニーズは多様なので、紋切り型のアプローチがよいとは言えません。

図3－2は、平等と公平の違いを視覚的に表したものです。同じ学びを達成するために、みんなが同じサポートを必要とするわけではないことを覚えておく必要があります。公平と平等は違うのです[7]。

生徒は、個別のサポートによって目標を達成することができて感謝します。家庭で学習ができない場合は、自分で学習できるように、環境を整える方法について話し合うようにします。教室で静かに読める練習を日ごろから行っていないのに、どうして家でできるでしょうか？　妹が寝るまで読めない状況にある生徒や、ヘッドフォーンをつけないと読めないという生徒もいることでしょう。

問題を明らかにすることで、初めて最善の解決策が見えてきます。ですから、何が障害になっているかを生徒と協力しながら把握するための時間をとってください。そのあとで、どのような学びの環境においても役立つ解決法を見いだしてください。

(7)　日本では、この両者が混同されています。出される宿題も同じで、生徒が一人ひとり違うということがまったく無視されています。「equality equity」で検索すると、図で紹介されている以外の刺激的なバージョンも見ることができます。

図3－2　平等と公平の違い

平等＝同一

誰にも同じものを提供すること

それは、スタート地点が同じときのみ機能する。

公平＝公正

同じものではなくて、機会が提供されること(＊)。

公平が確保されないと平等は得られない。

出典：2016 Oregon Children's Foundation SMART（Start Making A Reader Today）All rights reserved.

(＊)　割り当ての時間や提供される課題などが違うこともありえます。

ステップ3　生徒とは、進捗状況について頻繁に情報交換をする

学校での授業以外の時間は、「ステップ2」で紹介したようなことをするために費やされます。しかしながら、学業面での成長を振り返えられるだけの時間を確保しないと、機会を逃す生徒が出てきます。一日のなかで、たとえ少しの時間でも、できるだけ多くの生徒と話ができるようにしてください。たとえば、いつも授業がはじまる前に教室に来ている生徒と少しの時間でも話し合うのです。

生徒が個別学習[8]をしているときは、個別カンファランスとして行う話し合いに一〜二分を足して、生徒の学習全般のことについて対話するのです。以下の教師と生徒のやり取りを参考にして、どのようにすれば成長を促すカンファランスができるか、また、ほかの場面でも使える方法を見つけてください。

教師　授業中に歌を歌ったり、独り言をブツブツと言ったりしていましたね。踊ったりもしていましたが、いったい何をしていたのですか?

生徒　五大湖の名前を思い出そうとしていたんです。五つの湖の頭文字がH、O、M、E、Sだということは覚えていたんですが、実際の名前が出てきませんでした。とくに、サペリア湖が……。

教師　どうやって、サペリア湖を思い出したのですか?

生徒　全部の湖の名前を書き出して、それに合わせて歌うようにと、お父さんがアドバイスをしてくれたんです。そして、それに合わせて動きまで考えてみました。サペリア湖はスーパーマンに似ているから、こんなふうにします（生徒が両手を開いて飛ぶ格好をします）。理由は分からないけど、これで全部の湖の名前が言えるんです。そして、ミシガン州の歴史を学ぶのにとても助かりました。

教師　それは記憶術というものです。覚えにくいものを覚えるとてもよい方法です。数学で平均値（mean）、最頻値（mode）、中央値（median）の三つを覚えるときの歌を覚えていますか?　あれも、記憶術のよい例です。ほかにも使っていますか?

生徒　はい、演算子の優先順位を覚えるときの「Please Excuse My Dear Aunt Sally（私の大切なサリーおばさんを許してあげてください）」です。(9)

---

(8)　ここでいう個別学習は自習ではありません。個別学習を含めて、教師から生徒への「学びの責任の移行モデル」の四つの段階に関する詳しい教え方と学び方については『「学びの責任」は誰にあるのか?』が参考になります。

(9)　アメリカでは、"Please Excuse My Dear Aunt Sally" が、PEMDAS（Parentheses・かっこ、Exponents・指数、Multiplication・掛け算、Division・割り算、Addition・足し算、Subtraction・引き算）という頭字語になっています。

教師　そのとおりです。でも、社会科では、あなたはオリジナルの記憶術を使っていましたね。助けになりましたか？

生徒　歌いやすいようにしたので、とても覚えやすいです。この記憶術を書くことにも使ってみます。段落を変えるときに使う接続語(10)を覚えるのに役立つはずです。今晩、考えてみます。

教師　素晴らしい考えです。その接続語の新しい記憶術を、明日、クラスのみんなとも共有してみませんか？

生徒　本当ですか？　もちろんです。誰もが使いたくなるようなものを考えてきます。

　生徒が問題を抱えているように見えなくても、しっかりと関係さえ築けておれば、何か問題が起こったときに効果的なサポートを提供することができます。生徒とのやり取りのなかでは、授業の進み具合や難しさ、あるいは学びの成長具合についても尋ねるようにしてください。

　生徒は、自分の問題を語ることによって抱えている問題を整理し、解決法を見いだすこともあります。それを頻繁にやっておくと、生徒は自分一人でもできるようになっていきますので、常に意識を向けるという必要がなくなります。こうした（メタ認知的な）やり取りこそが、生涯を通して学び続ける人を育てる際に重要となるのです。そして、学校から離れてから学びを拡張する際、新たに身につけたい難しいコンセプト（概念）(11)に遭遇したときでもやり抜くだけの自信をもつようになります。

数分間のやり取りでいったい何ができるのか？　と、みなさんは疑うかもしれませんね。毎朝、ベイビーシッターの家から四時に起きて、バスで通学しているという生徒の情報を得るだけで、彼が授業中に眠たくなったり、持ってくるべきものを忘れたりしたときに役立ちます。

話し合いのなかでこの情報を知ることは、何をどれだけ宿題として出すかというあなたの判断に影響を与えることになります。生徒の家庭生活がどのようなものであるかという気づきは、これまでに書いたように、宿題を見直す必要性を裏付けています。

あなたが生徒のことを気にしているということを示すために、話の内容を広げるのです。たとえば、「クランの城」[12]はどれくらい進んだのかとか、動物のぬいぐるみのコレクションは増えたのかと尋ねるのです。こうした自然なやり取りのなかで、生徒が家庭で読んでいる本のことや、

---

(10)　日本語の場合は、付加表現（加えて、同様に、とくに）、関係表現（しかし、一方で、その代わりになど）、因果表現（だから、それゆえなど）、順序表現（まず、次に、要するになど）があります。

(11)　概念は、パターン、システム、相互作用、エネルギー、適応といった例に見られるように、一つの学習テーマやユニットに限定されない、その教科全体の核となる考え方や、場合によっては教科を超えて転移可能になる考え方のことです。大きな概念は、各教科五〜一五ぐらいに限定できます。学ぶ側にとっては、教科横断的な概念をベースに教えられたほうが、ブツ切りの知識や情報で教えられるよりもはるかに学びやすいものです。

(12)　自分の村をつくって、世界中のプレイヤーとランキングを競うオンライン・ゲームのことです。

熱心に取り組んでいるプロジェクトのことに発展するかもしれません。

もし、生徒がオートバイを修理していたなら、車庫で学んでいることをその日の理科の授業でどのように応用できるかを具体的に尋ねてみるのです。すでに述べたように、こうしたやり取りは、授業のベルが鳴る前のわずかな時間や、あなたが生徒とのコミュニケーションを求めたときに自然と起こるものです。生徒とおしゃべりをするために、あなたの大切な教える時間を削る必要はありません。家庭と学校での学びを意味ある形で結びつけることが、こうしたやり取りをうまく進めるための効果的な方法となります。

ステップ4　生徒の話を傾聴する

教師を信頼しているとき、生徒が教師の授業を批判することがあります。[13] そのようなときは、弁解せずに話を聞いてください。黙って聞く代わりに、言い換える形で確認をし、メモを取ってください。そして、あなたがサポートできる方法や、生徒の興味を惹きつける方法について尋ねてみてください。もし、批判が宿題のことならば、生徒がいま抱えている問題を尋ねてみてください。

ある生徒はコンピューターを持っておらず、出された課題を電話でこなさなければならないことに気づくかもしれません。別の生徒は、母子家庭の母親が資格取得のために勉強をはじめ、彼女が学んでいるときは、生徒が妹や弟たちに食事をさせて、寝かしつけるという役割を担っていることを打ち明けてくれるかもしれません。

こうした貴重なやり取りのなかで、何が学習の妨げになっているのかという大事な情報をあなたは得ることができるのです。

一方、夜にずっと「FaceTime」（巻末資料参照）で友だちと話していると生徒が言ってくれたとき、その時間の使い方はおかしいと批判してしまいがちです。批判する代わりに、築きつつある関係を利用して、どんなことについて話しているのかを聞き出すのです。

どんなテレビを見ているのか？　チョウがついたものなら何でも収集して、それらを共有しあっているのか？　動画で折り紙の折り方を学んだのか？

こうした情報を蓄えておき、うまく授業に関連づけることができれば、家庭で学んでいることを授業で応用することができるので効果を発することになります。左右対称がチョウの羽で使われていたり、紙を折るときに大切であったりすることが伝えられたらどうでしょうか？　こうしたことを生徒に伝えることができたら、生徒は家に走って帰り、学んだことをすぐに活用するようになるでしょう。

（13）信頼していなかったり、嫌っていたら、あなたに声をかけることすらしないでしょう！

ステップ5　同じ手順を繰り返す

生徒との信頼と相互に尊重しあう関係を築き続けるために、年間を通して「ステップ1」から「ステップ4」を繰り返し行ってください。構築された関係によって、生徒はあなたの助言を受け入れるようになりますし、個々のニーズに見合った計画を立てるのに必要な情報も提供し続けてくれることになります。

目標は自立した学び手を育てることなので、これらの手順を繰り返すことによって、生徒は学びのオウナーシップをもつようになり、学校外でもそれらを活用するようになります。自分の強みを使って能力を向上させ、弱点を埋めるための方法を提供することは、彼らの人生にとって最高の贈り物となるでしょう。

課題を乗り越える

信頼関係の絆を構築することには計り知れない価値があります。信頼できる同僚と、無駄な争いを行い続けている同僚、この二人のタイプを想像してみてください。あなたが成長するためには、どちらの同僚との関係がふさわしいでしょうか？

生徒は、自分が学習者であると同時に、一人の人間として関心を示してくれる教師と一緒に学べることを望んでいます。もし、教師が学びよりも従順さを生徒に求めるようであれば、完全に優先順位が間違っていることになります。その場合、生徒は言われたことはするかもしれませんが、それ以上のことはしないでしょう。

もし、生徒が自分の成長により主体的であってほしいなら、教師は生徒とのよい関係を活用すべきですし、学校と放課後の学びがどのように起こっているのかということに関して、オープンに語り合える環境をつくりだすべきです。課題に遭遇したときは、次のような対応を考えてみてください。

上司のことは嫌いでも、与えられた仕事はこなさなければならない

たしかに、そのとおりです。でも、あなたは生徒の上司ではありません。あなたは、彼らの教師なのです。教師の役割は監督者と同じではありません。さらに、あなたがこれまでに出会ったことのある上司について考えてみてください。

あなたのことを評価し、かつ個人的に関心を示してくれている上司に対しては最善を尽くしたのではありませんか。それとも、遅刻した理由を尋ねる前に、書類にあなたのサイン（ハンコ）を求める上司のほうがいいですか？

自分は彼らの教師であって仲間ではない

たしかに、そのとおりです。しかし、もしあなたが生徒とよい関係を築くことができれば、それは彼らにとってよいだけでなく、あなたの日々の仕事もストレスの少ないものとなります。個々の生徒との間に生じる無駄な争いを最低限にすることで、家庭での学習も含めて、すべての場所での学びを促進するのに役立つよい関係構築につながります。

なかには好きになれない生徒もいる

たしかに、そのとおりです。でも、彼らは子どもなのです。宿題を先延ばしにしたり、あなたのことを好きでないという理由だけで「好ましくない人間」というレッテルを一〇歳の子どもに貼るわけにはいきません。

ハックが実際に行われている事例

学校において、学力格差を抱えていると認識した場合、それを縮めるためにまず行うことは、カリキュラム（年間指導計画）と教え方を見直すことです。しかし、多くの教師は生徒の勉強時間を増やせば学力を伸ばすことになると信じています。とはいえ、学校で費やせる時間には限界がありますので、教師のなかには生徒の助けになると信じて宿題の量を増やす人もいます。

ここで紹介する実際のハックの事例では、学校改善チームが問題解決の過程に生徒をどのように参加させたのか、そして、教師が生徒と築いた関係が生徒の学習と宿題に対する姿勢にどのような影響を与えたのかについて、著者の一人であるハミルトンが説明します。

ハミルトンのストーリー

ハミルトンが勤務している教育委員会はミシガン州から、セラナック中学校が「（改善が要求されている）焦点校」であると伝えられました。焦点校とは、成績上位と下位の生徒の学力格差がもっとも大きい学校であることを意味します。焦点校のリストから除かれるためには、学校は学力格差を縮めるために下位三〇パーセントの生徒の学力を三年以内に向上させなければなりません。

教職員は、生徒の宿題に対するモチベーションの低さを重要課題として位置づけました。そして、どうしたら下位三〇パーセントの生徒に宿題をさせられるのかという会議を繰り返し行いましたが、彼らが学ぶことや宿題をすることと成功することの関係についてなぜ興味がもてないのかという点については分かりませんでした。そんな状況のなか、一人の教師が対象者に直接尋ねてみることを提案したのです。藁にもすがる状態でしたから、すぐに実行しました。

数人の教師と選ばれた数人の生徒が、コーヒーとドーナツを前にして、輪になって話し合いました。約二時間にわたって、長年にわたって思いをめぐらしていたたくさんの質問を成績下位の生徒にしたのです。

・学校に対して、どのように感じているのか？
・ある教科は及第するのに、ほかの教科では落第するのはなぜか？
・生徒が成功するために、学校が変われることは何か？
・もっとも切実な質問、「なぜ、特定のクラスでは宿題をしてくるのか？」

この最後の質問への反応として、「時間があったら」「教科が難しすぎるから」「読むことが嫌いだから」といった回答を予想していました。しかし、生徒からの反応を聞き、平手打ちをくらった気がしました。

「もし、教師が彼らの学びについて気にかけており、学習内容がどのように応用できるのかについて明確に示していたら、宿題はやるし、授業でも最善を尽くす」といったことに、生徒が圧倒的に同意したのです。

できの悪い代表とも言える一人の男子生徒が、「国語教師のシンディー・サンフォード先生は、自分のことよりも僕のことや僕の学習のことを気にしてくれている」という話をしました。彼は、教師が多くの時間と努力を彼に対するフィードバックに費やしてくれていることを語り、「自分が宿題に費やしている時間よりも長い時間を先生が費やすのはおかしいと思います」と言ったのです。

サンフォード先生は、この座談会には出席していませんでした。彼女は尊敬されているベテラン教師で、すべての人に対して気づかうことで知られている先生です。したがって、生徒がサンフォード先生の思いやりをしっかりと受け取っていることに驚きはしませんでしたが、生徒が発した否定的な意見も無視することはできませんでした。それは、「扱いの難しい先生」として生徒によく知られていた男性教師についてのものでした。

女子生徒の一人が、その対象教科の成績がよいのに、「それを教える教師は我慢できない」と言ったのです。ふと、「学ぶ者は、師が〝何をもっているか〟ではなく、〝いかなる志を抱いているのか〟に触れるべし」という諺を思い出してしまいました。

この教師の関心が、教えることにではなく、無事に定年を迎えることにあることを多くの生徒が感じ取っていたのです。

私たちは、良い意味でも悪い意味でも、関係性がもたらす影響を軽く捉えすぎていました。とくに、学校内外での学習に与える影響という観点で。これをふまえて、私たちは生徒との関係づくりにより意図的に取り組むようになりました。それ以後、生徒とつながりがもてるようになり、それが学力向上に役立ったのです。

要するに、生徒の前に「ニンジンや鞭」をぶら下げて宿題を促す代わりに、学習にまつわる根源的な問題を解き明かすことに時間をかけたのです。生徒によれば、自分たちとつながり、教育や書くこと、そして適切な文法の価値をしっかりと見えるようにしてくれる（と同時に、個々の生徒にとって最善の方法を提示してくれる）ことが違いを生むのです。

下位三〇パーセントの生徒との話し合いのあと学校改善チームは、自分たちが発見したこと（つまり、生徒の視点）をすべての教職員と共有し、生徒との関係を改善するにはどうしたらいいのかという話し合いをスタートさせました。高額な謝礼金を取る講師や新しいカリキュラムを導入したからといって、家庭学習を含めた学習することの価値が生徒に分かるわけではありません。

二年後、セラナック中学校は学力格差を縮めることに成功し、焦点校のリストから除かれました。さまざまな試みがそれに貢献していましたが、もっとも重要だったのは、二時間にわたって教師たちが生徒の考えに耳を傾けたことでした。

生徒との信頼関係を築くことによって、教師は生徒のモチベーションを高めることができます。私たちがより多くの関心を生徒に向けることで、共有する学びの場において生徒は主体的に動くようになります。教室の外でも学び続けることは、このような考え方のほんの一部でしかありません。

宿題をしない生徒を無理やり指導することに時間を費やすべきではありません。その代わり、生徒のことを知るために時間をかけ、なぜ問題が存在するのかについて解明すべきです。

懲罰的な手段や外的な報酬を使って従順さを強制しても、学びに向かわない生徒の優先順位を変えることはできません。そのような場合は、私たちが何を生徒に求めているのかについて再吟味する必要があります。そして、私たちが提示している課題が、個々の生徒に学ぶことを好きにさせているかどうかを判断するのです。柔軟であると同時に、生徒の実態に即して対処することが肝心です。うまくその方法を選択することができれば、誰もが得をするのです。

ハック 4

生徒のニーズにあわせた特別仕様にする

―課題や時間を柔軟に―

わたしは天才ではありません。ただ、人より長くひとつのこととつき合ってきただけです(*)。

(アルベルト・アインシュタイン)

(*)『アインシュタイン150の言葉』ジェリー・メイヤー他編、ディスカヴァー21編集部訳、1997年、6ページ。

問題――宿題は誰にも同じようにさせるべきではない(1)

教員研修に参加して、新しい学びがなかったり、講師の話が自分の教え方の改善に役立たなかったりするという理由で、なぜ自分がここにいなければならないのか、と自問することはないですか？　すべての人に等しく当てはまるという学習の仕方は、教師にとっては有益ではありません。もちろん、それは生徒にとっても同じです。

学びのスピードが一人ひとりみんな違うことを知っているのに、同じ課題をすべての生徒にやらせてしまうというのはなぜでしょうか？　とくに以下の三点を、私たちはこのハックを開発するときに考慮しました。

・学校での授業では、一日中、柔軟なグループづくりや個別のカンファランスなどを使って個々の生徒のニーズに応じているにもかかわらず、(2)一人ひとりの理解の度合いに関係なく、同じ課題を宿題として課している。

・あまりにも簡単な課題を出すことは、意味もなく忙しいことをさせられるという宿題のイメージを強化し、生徒や保護者に不満を募らせるだけである。

・生徒は異なるスピードで学ぶので、なかには内容を誤解したまま宿題を仕上げる生徒がいるかもしれない。その生徒は間違いを頭の中に組み込んでしまうため、それを取り除くことが極めて難しくなる。

ハック――生徒のニーズにあわせた特別仕様にする

生徒が理解している少し上のレベルを教師が提供することによって、生徒は飛躍的に伸びます。もし、理解のギャップが大きすぎると、生徒はフラストレーションを起こしてしまい、すぐにやる気をなくしてしまいます。一方、ギャップが小さすぎると、生徒は退屈してしまい、学習が止まってしまいます。(3)

(1) ここに書いてあることは、宿題にかぎらず、学校で行われるすべての学びについて言える気がします！　六三ページの図で紹介しているような「平等」と「公平」の捉え違えでしょう。

(2) 日本のおいては、これらはまだほとんど知られても、実践もされていないなかで一斉授業が主流であり続けています。「平等」の名の下に、個々人のニーズや学び方や学ぶスピードの違いは無視する形の授業が行われているわけです。転換を図るための参考図書は、『ようこそ、一人ひとりをいかす教室へ』や『一人ひとりをいかす評価』と、「作家の時間、オススメ図書リスト」で検索して見られるリストに載っているカンファランスを中心にした教え方・学び方の本です。

学業面に加えて、生徒の興味関心と経験なども、意味のある学びをつくりだす際に大きな役割を果たします。学習活動の大きなねらいやそれに取り組むことで得られるライフスキル④などを理解することも、自分たちが取り組む課題と、短期的な学習目標や長期的な成果との関連を生徒が知る助けとなります。

課題が生徒の学習ニーズに的を射た形で出されたなら、その効果と取り組みのレベルは急上昇します。学校外で生徒が行うことの多い活動、たとえばビデオゲームの「デザイナー」⑤などについて考えてみてください。

もし、自分の能力を超えたチャレンジが与えられたとき、ほどほどに成功すればゲームから離れることができなくなります。さらに、「もっとうまくできるまでやらせてくれ」と何度でもせがむことでしょう。しかし、一番高いレベルまで簡単に到達でき、ゲームに勝てるような場合は、その魅力は消え失せ、再度挑戦しようという気持ちが湧いてきません。一度で十分なのです。

反対の場合、つまりゲームが難しくて、子どもにうまくやれない状態が続くと、ごまかすか止めてしまうかのいずれかとなるでしょう。宿題との関連に気づけましたか？　私たちは、授業外

著者のコメント

このように、授業の進め方を「見える化」することによって、生徒はつながりを見いだすことができ、学校での充実した学びの体験を手にするために、主体的にその準備をしようとします。

での課題がビデオゲームでなければならないと言っているわけではありません。そうではなく、生徒のニーズにあわせた課題を出すことが、生徒の成長と熱中できる取り組みを可能にする鍵だと提案しているのです。

あなたが明日にでもできること

個別で課題に取り組めるようになるまで、宿題として出すことは見合わせる

伝統的な宿題に対するフラストレーションの多くは、その日に授業で学んだことを覚えていないために宿題が完成できないことから生じます。もし、新しく学んだスキルを（問題なく使いこなせるレベルに達するまで）教室外で応用させるといった宿題を遅らせることができれば、無駄な時間が生徒に生じず、有効に使えるようになります。

（3）この点については、八四～八五ページの最近接発達領域を参照して下さい。

（4）一三ページや二一ページで紹介したソーシャル（社会的）スキルと基本的には同じです。

（5）ビデオゲームの仕様を考案・設計する人のことです。

出口チケットに、学んだことが応用できる方法を書き出してもらう

授業の最後に付箋を渡して、裏（糊が付いている面）に名前を書くように言います。そして表には、今日の授業で学んだことを応用・発展できそうなアイディアを二つ書いてもらいます。これをすることで、当日の学習のねらいを生徒がどれだけ理解していたかが分かるだけでなく、さらに深く考えるチャンスを提供することになります。

次に、自分で付箋を分類するか、生徒に分類してもらいます。たとえば、調査、家での応用、実例をつくってみるなど、です。発展的なこれらのアイディアは、生徒自身が出したものなので、学びを深

訳者コラム

最近接発達領域

英語訳は ZPD（zone of proximal development）です。「最近接発達領域」ないし「発達の最近接領域」と訳されていることが多い考え方です。分かりやすく言えば、「誰かの助けを借りて今日できたことは、明日一人でできるようになる」ということです。成長は適切な支援によってもたらされること、またそれには個人差があるというのがポイントです。

各生徒の最近接発達領域を見極め、適切なサポートをするための方法としてさまざまな形成的評価があるわけですが、もっとも効果的なのはカンファランスです。カンファランスの情報は、「WW 便り、カンファランス」で検索するか、ブログ「WW 便り」の左上に「カンファランス」を入力するとたくさん得られます。

めるためには最高の選択肢となります。

授業以外の活動は個別につくらせる

レフ・ヴィゴツキー（Лев Семенович Выготский, 1896〜1934）によると最近接発達領域（**訳者コラム**参照）は、学ぶのに必要で十分な予備知識を生徒はもっているが、まだサポートや指導が必要な領域のことを指しています。

そこで、魔法が起こるのです。最近接発達領域の宿題を生徒に出しておきながらサポートを提供しないと、親子の対立や勉強机を前にして怒りの涙に至るというフラストレーションを起こすことが予想されます。

多くの教科書は、新しい知識や概念を紹介したあと、すぐに応用する機会を提供してい

図4−1

ます。これらの課題に教室で取り組みはじめて、「残りを宿題としてやってくるように」と教師が言うことは珍しくありません。問題なのは、提示する内容が最近接発達領域にあるかどうかを確認しないことです。

生徒に自信をもって取り組んでほしければ、教師は課題を確かめ、次に行う授業との関連もしっかりと提示する必要があります。これによって、課題を足場やサポートが必要な最近接発達領域から、一人でも家でできる領域へと移すことができるのです(6)。

完全実施に向けての青写真

ステップ1　ユニット計画を振り返る

カリキュラム（年間指導計画）に沿ったユニット（単元）の計画を立てようとするときは、授業の焦点となるアイディアを選び出し、それらを簡単な言葉で要約してみるとよいでしょう。また、何は授業で行い、何は宿題として家でするることが望ましいかを考えてみましょう。確実に生徒が成長できるように、焦点を絞っていくつかに限定することで、よく学べるだけの特別仕様にすることが可能となります。

ステップ２　どのような学びを体験するか、授業の流れを生徒に提供する

詳しい計画は必要ありません。よい方法は、あなたのウェブページからグーグル・カレンダーにリンクして、生徒が見られるようにすることです。

一週間の授業の流れ（例）

月曜日——火山についてのＫＷＬ（知っていること、知りたいこと、学んだこと）。
火曜日——火山についての記事を読み、ＫＷＬを更新。ほかの情報源も追加。
水曜日——他の情報源をギャラリー・ウォークで共有し、ＫＷＬを更新。
木曜日——形成的評価。ビデオを見てＫＷＬの更新。
金曜日——自分が知っていることを示す自己評価。

ステップ３　短期的な課題と長期的な課題を知らせる

「ステップ２」の流れのなかであなたは、水曜日に火山について見つけた生徒の情報を持ってこ

（６）　この移行をうまくすることについて詳しく書いてある本が『「学びの責任」は誰にあるのか』ですので、ぜひ参考にしてください。

させようとするかもしれません。このユニットの導入段階で（あるいは、ユニットを開始する前週の金曜日）、水曜日までに動画、ブログ、ウェブページ、本、雑誌や新聞などの記事から火山についての情報を見つけて持ってくるように言うとよいでしょう。

このことを事前に知らせておけば、あなたは月曜日に火山についてのKWLを行うことができるだけでなく、水曜日に共有しあえるように、生徒は火山についての情報収集をすることができます。

こうすることで、あまりプレッシャーのかからない状態で、意味のある課題を生徒に提供することができます。あまり時間をかけることなく、事前に火山について考えはじめることができ、予備知識や応用も必要としません。その結果、親子げんかが起こる心配をする必要もなくなります。

もし、ある生徒が何の情報もなしに月曜日に現れたとしても、週末の間に情報収集を行った生徒を褒めることで、水曜日に行うことは教室外での情報収集なしでは効果的に進められないことが強調できます。

このように、授業の進め方を見えるようにすることによって、生徒はつながりを見いだすことができ、授業での取り組みのために、学校外でしっかり準備したいと思うようになります。

ステップ４　学習のねらいをしっかり伝える

教育委員会によって名称は異なりますが、学習目標を明確にするということです。あなたの授業で達成したいねらいの文言に関係なく、はっきりとした目標が必要です。なぜ課題は重要なのか、どのようにそれを完成させるのか、それを通して何を学んでほしいのか、そして、それらを学べたことをどのようにして評価するのかといったことについて教師が明解な考えをもっていれば、生徒は単に課題をこなすだけでなく、学習のねらいに焦点を当てることができます。

それによって、宿題をすることも、単にこなすのではなく、学ぶことが大切であるという考え方を補強することになります。さらに、このアプローチは、同じ学習目標を達成するにしても、**その道筋もスピードも異なってよい**という考え方を強化することになります（具体的な事例については次ページの**表４－１**を参照してください）。

ステップ５　学びの個別化

個々の生徒に応じた課題を出す際、学び方の好み（ないしスタイル）[7]に関するアンケート調査

（７）学びのスタイルについて興味をもたれた方は、代表的な四つのスタイルとマルチ能力について紹介されている『効果10倍の教える技術』の六二〜七八ページおよび『シンプルな方法で学校は変わる』の一一五〜一二一ページと二〇二〜二〇四ページを参照してください。

を行うとよいでしょう。意図的に自分の好みにあった学び方で取り組むことは、レベルを下げることなく、学びをより自分のものにすることに役立ちます。もし、ねらいが明確で、生徒が何を達成すればよいかについて理解をしていれば、どのような方法で達成しても問題はありません。次のようなことを自らに問いかけてみてください。

・意見とその理由をつなげる言葉を使いながら、生徒は自分の意見を述べる作品を書けていたか?

・生徒の好きなアイスクリームのフレーバーを知るために行った教師の質問はどうだったか?

表4－1　学習目標の示し方

効果的でない例	効果的な例
宿題 ユーチューブの動画を見て、それについて感想を一つの段落で書きなさい。	**学習のねらい**　単語やフレーズ等を使って自分の意見とその理由を結びつける。 **成功の規準**　意見とその理由を結びつける言葉や文章を含む一つの段落を書く。 **宿題**　ユーチューブの動画を見て、あなたが意見とその理由を結びつけられる証拠を示しなさい。
回答の例 バカな猫たちの動画はおかしかった。猫たちがお風呂に入れられたときは、笑ってしまった。水を怖がらない猫がいることを知って驚いた。あなたもこの動画を見るべきです。	**回答の例** 私はいつもペット、特に猫はおかしいと思っていた。猫は水を怖がると思っている人もいるが、じつは、なかにはお風呂が好きな猫もいる。 ユーチューブの動画は、おかしな猫をたくさん紹介している。あなたも、それを見るべきだ。

・課題は、手書きで書く必要があるか？
・生徒は自分の感想を音声メッセージに吹き込んで、教師に送ってもよいか？

学習に焦点を当て、どのように学ぶのかについて柔軟性をもたせることで、生徒は自らの計画のもと最後までやり遂げられるようになります。

ステップ6　ユニットを通じて、生徒の進み具合にあわせて調整を続ける

プロジェクトや課題を完成させるだけの十分な時間が生徒にある場合、定期的にチェックすることによって、やるべきことを先送りして、最後にやる気をなくさせてしまうことが防げます。進捗状況を管理することで、生徒の時間を無駄にしなくてすみます。また、もしプロジェクトや課題が早く終わったなら、余った時間をどのように使えばよいかと考える機会となります。余った時間を、次のプロジェクトに取り組む、いまの学びをさらに探究する、別のことを調べるなど、どのように使えばいいのかについて考えるのです。

このような機会を通して生徒は、自分のスケジュールについて、先を見通しながら創造的に考えることができるようになります。学び方やスピードをどのようにして自分にあったものにしていくかについて、生徒と一緒に話し合ってください。

ステップ7　生徒に、頻繁にフィードバックを提供する

何を知る必要があり、知ったことをどのように示せるのかについて生徒が明確になったなら、その後の生徒との話し合いは、到達目標と学習のねらいを達成するための方法に焦点を当てるべきです。九〇ページに掲載した**表4-1**は、意見とその理由に焦点を当てた学習のねらいと規準を示しています。

生徒は証拠を示すことに焦点を当てるべきですが、二つ目の事例ではそれができています。彼らの語彙を増やすために、最初からやり直しをさせたくなるかもしれませんが、初めの段階で期待（ねらい）を明確にしておけば、生徒も時間を無駄にすることがなくなります。

この点に関しては、初めから到達目標が理解できるようにするとともに、学習過程で質問を奨励することでさらに明確にすることができます。到達目標に生徒を近づけるために、学習過程で定期的にチェックをし[8]、具体的なフィードバックを提供することが大切となります。

課題を乗り越える

長年にわたって行ってきたことと違うことをするには、常に困難が伴います。宿題について考

え直すというのは、物議を醸すことになるかもしれません。実際、あなたは次のような課題に遭遇するかもしれません。

生徒のニーズに従って、私は日々授業プランを書いている

実施に向けての青写真では、細かな指導案は求めていません。単に、どこまで達成していればよいかを示すアウトラインだけで十分です。もし、あなたが前夜に詳しい授業プランを考えるタイプの教師なら、その日の終わりか授業の最後に当日の授業を振り返って、次の授業を計画するのにはどうしたらよいかと検討する機会をもてばよいでしょう。

あなたの計画スタイルを変える必要はありません。ただ、生徒が大まかに全体像をつかめるようにしてあげればよいのです。そうすることによって、生徒は授業中や学校外でどのように学びを自分のものにできるかについて考えるようになります。そして、毎日学びのための評価（＝形成的評価）を行い、毎日起こったことを修正・改善する形で次の授業に活かすのです。生徒に期待することを、私たち自身が見本で示し続けなければなりません。

（8）専門用語では「形成的評価」と言います。多くの具体的な方法が『一人ひとりをいかす評価』の第4章に詳しく紹介されていますので、ぜひご覧ください。

生徒の人数が多すぎて、個別化をするのは無理だ

学習目標を達成するための最善の方法を見いだすプロセスに、できるかぎり生徒を巻き込むことです。

学習のねらいを明確にし、それをどのように達成するのかについては自由に決められるようにします。具体的な選択肢を提供するとともに、生徒がそれに追加できるようにしてください。この方法の詳細については「ハック8」で説明します。

生徒が宿題をしなかったらどうするのか？

もし、あなたの宿題を出す理由が次の「ハックが実際に行われている事例」（九六ページ）で紹介されているキャシー・クーパー先生と似ているなら、宿題を終わらせない生徒がいたとしても大した問題ではありません。小学校教師としての彼女のねらいは、学校と家庭のつながりを築くことです。したがって、宿題をする／しないは自由なのです。

もし、必ずするものとして宿題を出したにもかかわらず、提出しなかった生徒がいた場合は、それが理由で起こる影響を問題にするのではなく、なぜそれをしなかったのかという理由を明らかにして、その対処法を考えてください。

これは成績をつける際の悪夢だ

生徒から集める作品は、学習のねらいに対して、現在どのような状況にあるのかを理解するための重要な情報源となります。

どのように生徒が課題をこなすかは、まったく問題ではありません。もし、あなたが、コンピューター画像をつくってくる生徒と歌を歌っている生徒をどのように評価したらいいかと悩んでいるなら、間違ったところに焦点を当てていることになります。そんなことで悩む代わりに、次のような質問を考えてください。

「生徒は自分の知っていることを表現できているか？」

「学習目標を満たすのにどれだけ近づいているか？」

評価は、個別の課題に対してつけるのではなく、あくまでも到達目標ないし学習目標に対して行うことを忘れないでください。もし、生徒が宿題をすることで概念やスキルを身につけている証拠を示していたなら、あなたは彼らの概念理解やスキルを総括的な形で評価することができるはずです。

ハックが実際に行われている事例

キャシー・クーパー先生は、著者の一人であるハミルトンがカリキュラム・ディレクター[9]を務めている教育委員会に属するサラナック小学校の教師です。クーパー先生には長年の経験があり、ここでは宿題を個別化する方法を紹介してくれています。

クーパー先生のストーリー

小学校のほとんどの学年で教えた経験から、教師が大切にすべきことのなかで、柔軟性を保つことがとても重要であることを私は学びました。宿題もその例外ではありません。私のニーズと、生徒や保護者のニーズを同時に満たせるように宿題を扱っています。

一方、生徒の発達段階にも対応するようにしています。小学校の段階における宿題は、生徒の学習にごくわずかな影響しかもっていないことを知っていますので、私が子どものときに教えてくれていた先生たちとは違った見方をしています。私の場合、宿題を出す主なねらいは、生徒が何を学んでいるか保護者に情報提供するとともに、家族の時間を尊重したうえで学校と家のつながりを考えてもらうことです。

学校外での活動がその日の授業とまったく関係なく、学習内容について家庭で学ぶことができないような宿題になっているケースもありますから、私は活動そのものが選択できるようにしています。その活動によって、生徒はスキルを磨くことができますし、保護者にどれくらい知識をもっているかを示すこともできます。それは、ドリル学習ではなく、ショー・アンド・テル（何かを見せながら紹介する）形式のものです。

私たちの到達目標のなかには、生徒ができることを示さなければならない分野の一つとしてスペリング（日本なら

(9)　各教科で、その教育委員会が大切にしたいことを整理し、それを徹底させる役割を担っている人です。教育の地方分権が徹底しているので、この役割を担う人が各教育委員会に存在します。日本で言えば各教科の「指導主事」ということになりますが、日本の場合は文部科学省の下請け的な部分が多いのではないでしょうか？　主体性（と、このあとに出てくるように柔軟性）の有無が教育に与える影響はとてつもなく大きいものです！

(10)　宿題に関する研究に関心のある方は、たとえば「research on homework」と「宿題の研究」で検索してみてください。英語で得られる情報の量と質の違いが歴然とします。

著者のコメント

クーパー先生は、中学・高校レベルでは宿題を課すことの価値を認める研究があるとしつつ、小学校レベルでは少ないことを強調しています。小学生が長い時間を宿題に費やしても効果はそれほどないのです。つまり、15分間の宿題と3時間の宿題は同じ効果しかないのです[10]。

漢字）があります。一人ひとりの生徒は、自らが書く文章で使う単語のリストをもっています。保護者がルーティンとして取り入れやすいこと、取り組みやすいこと、多様な形で練習できることなどを踏まえて、私はスペリングを取っ掛かりの活動としてすすめています。そのために、次のような提案もします。

舗装された道路から自宅の車庫までの私道や歩道にチョークで文字を書いたり、自動車の中でお気に入りの歌にあわせてスペリングの歌を歌ったりすることです。こうした活動は、学ぶことにプラスアルファを加えることになり、家族に楽しく取り組むチャンスを提供します。そうすることで、個々の家族にあった学びが実現できるようになります。

「この単語を一〇回書きなさい」といった従来のやり方に代わるこのようなアプローチには、思いもよらない効果があります。それは、「宿題や勉強はこうあらねばならない」という保護者の先入観を解放することにもなります。そして、より個別化した意味のあるアプローチがあるのだ、ということに気づかせるのです。

学校とのつながりや家庭学習の時間に関連して、各家庭に独自のルーティンをつくりだせるようにするために、宿題を毎週同じ曜日に提示することが大切となりました。そして、宿題の提出期限は、一週間後のその日までと設定しました。

私の学校では、生徒に家庭向けの連絡用フォルダーを持たせていたので、宿題を出す日を金曜日に設定しました。それによって、保護者も生徒も、金曜には宿題が出されるということが習慣化されました。そして、翌週の金曜日までなら、いつ提出してもよいというようにもしました。

私は、一切催促しません。次の金曜日に新しい宿題が出される前に、提出されることを期待しているだけです。このようにして、生徒に自分のスケジュールを決定する権限を与えたのです。生徒のなかには半分ぐらいしかやっていない状態で提出する人もいますが、私は受け入れています。もちろん、たまに提出しない生徒もいますが、翌週には二週間分の課題がちゃんと提出されています。

生徒は、私が宿題には成績をつけないことを知っています。単にそれぞれの課題を見て、戻されたものに対して反応するだけです。宿題を見るときは、生徒の理解具合をチェックし、フィードバックを提供しています。

また、家での努力が学習に好影響を与えていることを頻繁にコメントします。そうすることで生徒は両者の関係に気づけるので、生徒の学習をサポートするように家族を促すことになります。このようなチェックを通して集めた情報は、個別指導やグループ指導に活かされることになります。

著者のコメント

宿題を提出するまでに１週間の時間を提供していることは、学校が家族の時間を尊重していると同時に、生徒に対しては時間の管理能力をつけるという機会も提供していることになります。

私が宿題として出す課題は、生徒の興味関心と学業のニーズを踏まえたものとなっています。たとえば、ミシガン州の観光地についてインタビューすることを求める場合があります。また、クラスにあまり話したがらない生徒や、引っ越してきたばかりで土地勘がまったくない生徒がいる場合は、それらの生徒に対して、より意味が感じられる別の課題を出すようにしています。

教師として、異なるレベルの生徒を私たちは抱えていますので、ある金曜日には、五〜六種類の算数の活動やゲームが宿題として出されることもあります。私は、それぞれの生徒が自分にあったレベルで、学校での学びを家庭で体験してほしいと思っています。

そして、形成的評価によって「少しの追加」が必要だと気づいた生徒には、次の金曜日、その生徒の宿題に「少しの追加を含める」といったメモを書くようにしています。とはいえ、同じことをすべての生徒に期待しているわけではありません。効果的に宿題を個別化するには、生徒のことをよく知っておく必要があります。私は、それぞれの生徒のために少しずつ違った何かを提供することを楽しんでいます。

ほとんどの生徒は、宿題は時間の無駄だと思っています。することの意味を見いだすことができず、量も多くて、自分でやれる範囲を超えていたり、適切な足場が提供されていなかったりするときには、とくにそのように感じます。友だちがやった宿題を丸写ししてすませた、という話を聞いたことがない人はいないでしょう。それでは何も学んでいませんが、宿題をしたことに変わりはありません。

一方、教師は一〇分もあればできると思っているにもかかわらず、生徒にとっては難しくて、価値のある家族の時間や課外活動の時間を奪うこともあります。教師にとっての一〇分が、子どもにとっては一時間にもなってしまうからです。

いかなる教師も、このようなことを理想だとは思っていませんが、頻繁に起こっていることは事実です。このような悪い結果を避けるために教師は、個々の生徒の興味関心や学び方、そしてレベルをもっと知る必要があります。それによって、各人の異なる学習ニーズに対応する形の宿題を特別仕様として提供することができるのです。[11]

(11)　まさに、これを実現するための理論と方法が詳しく提供されているのが『ようこそ、一人ひとりをいかす教室へ』と、その続編の『一人ひとりをいかす評価』です。ぜひ、参考にしてください。

ハック５

生徒に遊びを奨励する

―イノベーションと創造性を促進するために―

遊びこそ、学びの理想形です。

（アルベルト・アインシュタイン）

問題——つまらない宿題が遊びの時間を奪っている

これまでの宿題は、時間を取られるうえに、つまらないものと相場が決まっています。教師のなかには、生徒が熱心に取り組むことや、どのように完成させるかについて興味がないという人もいます。彼らが気にしているのは、テストの準備として何を学んでおかなければならないか、だけです。

あまりにも多くカバーしなければならない内容を押し付けられているので、教師は生徒のニーズに関心を示さず、一方的に教え込む授業を行っています。その結果、生徒はワークシートや意味の分からない課題ばかりをやらされることになります。それらが好奇心や創造力を喚起することはなく、学びのオウナーシップ[1]をもたせることもなく、自然発生的な遊びの時間を奪っていることになります。

以下に示しているのが、毎日の退屈な宿題によって遊びがなくなってしまうことに関する大きな問題です。

・たいていの場合、教師はたくさんの内容をカバーすることを強いられており、十分な時間がない。結果的に、授業中では押さえられなかった部分を宿題として出さざるを得ない状況となっている。宿題は、生徒の興味関心ではなく、生徒に情報を詰め込み、暗記することが目的となっている。
・クリティカル・シンキング(2)を磨くことこそが学校教育の目的であり、つまらない宿題が生徒のクリティカル・シンキングを促進したり、後押ししたりすることはない。
・遊びは生徒の学びを進行させる極めて重要なものであるにもかかわらず、カバーしなければならない内容（や宿題）に比べると、「本当に大切なもの」とは思われていない状況となっている。遊びは、勉強が終わったあとで行う、自由時間にすべきものとして位置づけられている。(3)

（1）オウナーシップとは、真に「自分のもの」という意識、この場合は、とくに自分が主体的に取り組んでいるという意識を指しています。
（2）クリティカルは「批判的」ではなく、「大切なものと大切でないものを見極める」ことです。ブログ「WW/RW便り」の二〇一八年一月四日号「あなたが教える際にもっとも大切にしていることは？」で関連記事が読めます。
（3）この部分および、本章全体のテーマである「遊びを奨励する」ことに関して興味のある方は、『遊びが学びに欠かせないわけ』を参照してください。とても詳しく、かつたくさんの刺激的な情報が盛り込まれています。

ハック――生徒に遊びを奨励する

ストレスを抱え込んでいる生徒に対して、今日、私たち教師や親が遊びを奨励することには極めて重要な意味があります。遊びには、単にゲームやスポーツだけでなく、生徒が自らの時間に選択して行う読書、音楽、絵画などのように、組織だって行う活動とそうではない活動が含まれています。

遊ぶことによるメリットはたくさんあります。授業で行ったことを振り返るのに役立つ機能さえもっています。たとえば、かくれんぼやボードゲームなどを通して、生徒は相手と交渉したり、授業で必要なクリティカル・シンキングを学んだりすることができるのです。

授業で学んだことに関連づける形で、学校外で好きなことをする機会が生徒に提供できれば、学校で学んだことに新鮮かつ熱中して取り組むことができるのです。(4)

生徒がどんなことに熱中しているのかについて、すべての教師が把握し、それらを授業に活かすことが大切となります。そのような形で関連づけることができれば、学校をより具体的で、意味のある場にできるだけでなく、授業で学ぶことが単にテストのためだけではなく、より長期的な視点がもてるようになります。(5)

あなたが明日にでもできること

ワークシートを捨て去る

これは簡単にできるでしょう。ＩＣＴを活用することからはじめてください。二〇題の質問が載ったワークシートやドリルの代わりに、自分で問題を探すような課題を生徒に与えてください。インターネットで検索するか、ソーシャルネットワークで友だちに聞いてみるのです。

もし、あなたがＩＣＴを取り入れることに慣れていないのであれば、ワークシートに載せる二〇問を生徒につくってもらうのもいいでしょう。

一人で自問自答することで生徒はワクワクし、学びが進展することになります。これは生徒が遊ぶときによくやっていることです。

（４）これら以外にもたくさんのメリット（利点）があります。詳しくは、『遊びが学びに欠かせないわけ』を参照ください。

（５）ライティング・ワークショップのアプローチは、遊びを学びに有効活用している実践と言えるかもしれません。「作家の時間、オススメ図書紹介」で検索して、面白そうな本から読んでみてください。それ以外にも、オースティン・クレオンの二冊の本もおすすめです。

出す宿題の量を考え直してみる

生徒にどのくらいの宿題を出しているのか、それにどれくらいの時間を費やしているかを把握します。そして、出している宿題のすべてが本当に必要なのかと問い直し、できるだけ少なくするようにするのです。こうすれば、生徒は学校終了後に遊ぶ時間をよりたくさんもつことができます。

特定の時間を遊ぶために確保する

ワークシートやドリルを生徒にやらせる代わりに、宿題に遊びを取り入れるのです。つまり、生徒の学習と遊びを関連づけるのです。

生徒は、多様な形で行われる遊びから多くのことを学びます。たとえば、モノポリーやヤッツィーなどといったボードゲームを家族とすることで、算数の練習になるだけでなく、忍耐、指示に従う、分析、シェアすることなどのスキルを同時に練習することができます。もちろん、家庭だけでなく教室でボードゲームをすることで特定のスキルをしっかりと教えることもできます。

年長の生徒であれば、チェスやリスクというボードゲームをすることで戦略的な思考が身につくようになります。

遊びを学びに関連づける[6]

時に、私たちが当たり前と思っていることでも、そうでないことがあります。それを確認するために、翌日の授業で、遊ぶ際に使うあらゆるスキルを授業で活用するとどうなるかを調べてみるのです。たとえば、書くとき、美術（図工）の授業、理科の実験などでティンカリング（いろいろといじくり回）してもらい、そのあとでどんなスキルを使ったかを振り返ります。[7]

ティンカリングした結果、どんな学びが生まれたかを書き出してみましょう。観察することで、生徒が異なる環境で常に学んでいることに気づきます。生徒には、学校外でも常に学んでいることを気づかせてあげてください。ゲームをして遊んでいるときなど、学んでいるとは思っていないときでも同様です。

学校が終わったあと、生徒がどのような活動や遊びをしているのか把握する

生徒が自由時間にどのようなことをしているのかを知ることによって、これからする授業やユニットで、彼らの興味関心や活動に関連づけることができます。調査には、グーグル・フォ

──────────

(6) ここでの「当たり前」は、遊びと学びは違うものという考えのことです。
(7) ここでの参考文献は、『作ることで学ぶ』『ティンカリングをはじめよう』──アート、サイエンス、テクノロジーの交差点で作って遊ぶ』『退屈をぶっとばせ！　自分の世界を広げるために本気で遊ぶ』です。

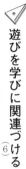

ームやサーベイモンキー（巻末資料参照）が使えますし、一般的な紙と鉛筆に頼るというアンケート用紙も使えます。

完全実施に向けての青写真

ステップ1　学習の状況とコミュニケーション・スキルに焦点を当てる

遊びが学習目標と関連づけられるようになる前に、遊びのなかで起こっている状況を認識して、それについて伝えられるように教える必要があります。授業において、メモを取ったり、目を見て話したりするなどのコミュニケーション・スキルを教えたり、話すことや聞くことを社会で使われているスキルに近い形で練習をしたりします。

遊びと学習目標の関連を強化する一つの方法は、生徒に家庭での状況を劇化して演じてもらうことです。これは、授業で行ったことを使って、生徒がリードする三者面談[8]の準備をするためにもってこいの活動となります。

この過程に取り組む基礎として、生徒に台本の書き方を教えます。必要であれば、自分が学んだことを体系的かつ意味のある形で話す方法も伝えます。このステップは、年長の生徒だけでなく、すべての年齢層の生徒を対象にすることができます。幼稚園児の場合は、「正方形は常に長方形なのに、長方形は必ずしも正方形ではないこと」について親に説明する場面などが挙げられます。教室の外での学びを引き出す、なんと素晴らしい方法でしょうか！

ステップ2　教室で起こっていることを保護者とシェアする

多くの教師は、教室で起きていることを保護者と共有するコミュニケーション・システムをすでにもっているものです。担任をしている生徒の年齢にもっともあったシステムを選び、保護者の参加を呼びかけてください。保護者にとって都合がいいものとして、スマートフォンに自動通知機能が付いているたくさんのアプリケーションがすでにあります。Google Classroom、FreshGrade、Edmodo、ClassDojo、Remind、Appletree、IO Education（巻末資料を参照）などのプラットフォームを使って共有スペースをつくることは非常に簡単です。

遊びと学びを保護者がうまくつなげられるようになるには、授業で何をしているのかを知る必要があります。課題の例や生徒の優れた作品例をウェブサイトやソーシャルメディアに掲載する

（8）通知表の代わりに（と一緒に）、生徒自身が親に対して自分が学んだことやできるようになったことを説明する場のことです。教師の役割は、それを生徒ができるようにしっかりと準備することです。この生徒主導の三者面談については、『増補版「考える力」はこうしてつける』の一六八～一七〇ページをご覧ください。

以外にも、授業の様子をライブ配信できるアプリを使うことで流すこともできます(9)。

こうすることで、単にワークシートやドリルを宿題として課す以上に、授業について共有することが可能となります。保護者が動画やライブ映像を見ることによって、学校での活動が保護者にとっても生き生きとした体験になります。

いつでも保護者が学校の様子を見ることができると、家庭での学習をより良くサポートできますし、遊びと授業を結びつけることができるようになったりします。「ハック9」で扱うように、ほかにも家族と協力関係を築く方法はあります。

> **著者のコメント**
>
> いつどこで素晴らしいことが起こるかは、誰にも分かりません。

ステップ3 到達目標を遊びと関連づける

「あなたが明日にでもできること」のセクションで紹介した「遊びを学びに関連づける」ことをさらに推し進める方法として、「到達目標（スタンダード）を遊びと関連づける」があります。

この作業には時間がかかることでしょう。というのは、遊びを多角的な視点から捉えることによって、さまざまな到達目標の可能性が見いだせるからです。しかし、授業中にこのつながりを明らかにすることによって、楽しいことと学習することの関連が築け、どこで重なりあっているのかが見えるようになります。たとえば、話すことと聞くことに関する到達目標は、ほとんどの遊びと容易に一致させることができます。一例を挙げますと、「適切な英語が使いこなせることを、さまざまな状況やコミュニケーションの課題に適した形で話しなさい」は、すべての学びの状況において当てはまります。(10)

いろいろな友だちや年齢の人と遊ぶとき、私たちの話し方は相手をどれだけ知っているかにかかっています。相手のことをどれだけうまく読め、適切に自分の考えや気持ちを伝えられるかは、どの年齢層の生徒にとっても重要な到達目標になっています。(11)また、算数・数学および理科や社会科などの特定教科の到達目標にも、戦略やお金を操作するゲームとつながる部分があります。教師は、これらのつながりを軽視すべきではありません。

---

(9)　事前に、管理職と保護者の了解を得る必要があります。前者を先に取ろうとする、その時点でストップがかかってしまう可能性が高いので、保護者の了解を取り付けてから「これだけのニーズがあります」と管理職に持っていけば、拒否できない状況がつくれます。

(10)　具体的な例を『遊びが学びに欠かせないわけ』の各所で見ることができますが、とくに第８章の「社会的・感情的な発達に果たす遊びの役割」で紹介されているいくつかの事例は考えさせられます。下手な授業よりもはるかに効果的だし、身につく度合いも高いです！

(11)　この点については、『オープニングマインド』に詳しいのでぜひ参考にしてください。

ステップ4　遊びをベースにした学校外での活動をリストアップする

クラスで、家庭でしている学びや自分の興味関心に関係する活動やゲームをブレインストーミングで出してもらいます。そして、それらの活動によってどんなスキルが身についているのか説明するのです。以下のような形で進めると効果的でしょう。

・生徒が校外で過ごす場所を模造紙（ホワイドボード）に書き出します。たとえば、近所、家、公園、地元の喫茶店、叔母の家などです。
・生徒をグループに分けて全員が発言できるようにして、それぞれの場所ですることをできるだけたくさん挙げてもらいます。
・次に、そうした活動がどのように学びを促進させるのかを出してもらいます。
・各グループが学校以外での活動候補のリストアップができたら、それらを順番にクラス全体に報告してもらいます。

上記のブレインストーミングをもう少し視覚的に行うとしたら、一枚の紙に家庭での活動をたくさん書き出してもらい、もう一枚の紙には学校で行う活動やスキルを書き出してもらって、それらを結びつけるのです。

両者を線でつなげるとき、異なるスキルを色分けしておけば、教室内の掲示物として貼っておくことも可能となります。たとえば、赤は聞くスキル、青は話すスキル、緑は計画するスキルなどです。年間を通して、そこに新たに思いついたものを付け足せるようにしておくとさらによいでしょう。

ステップ5 「ステップ４」で表した遊びと学習、および社会性、感情面、身体面の成長を関連づける

生徒は、自分たちでつくりだした学校外の活動リストから選んだものに責任をもつ必要があります。年少の生徒や英語を勉強中の学習者は、次のような文章を埋める形で可能となります。

「私は家で、〇〇〇〇を学ぶ助けになる〇〇〇〇をします」

この文章の構造自体が、自分がしようとしていることと、学校で学んだことのつながりを明確にしてくれます。年長の生徒の場合、遊びと学習の関係はすでに授業での話し合いや小グループでの学び合いで明確になっているはずです。

書く課題の一環としてこれを提出させる場合には、遊びと学習の関係について振り返りを書いてもらうことで学んだことを表明できるようにしてください。この方法が、これまでに出されていた日々の宿題よりもはるかに「真の学び体験」を提供することになるでしょう。

課題を乗り越える

遊びは子ども時代における学びの大切な一部なのですが、伝統的な宿題がもっている苦役的な意味あいを支持する人が常に存在し続けるものです。保護者や教師のなかには、次のような理由を挙げて、多くの時間を生徒が遊びに費やすことに反対する人もいます。

遊びはいつでもできるので、宿題の考慮に入れる必要はない

たしかに、遊びはいつでも起こる可能性がありますが、決して十分とは言えませんし、目的をもって行われてもいません。[12]

学校は、（学業成績にこだわる？という意味での）真剣さを徐々に低年齢化させています。そんななか、意味のある形と楽しみのもてる形で学びと生活のつながりが見えれば、遊びの価値がより一層高まります。こうしたつながりこそ、生徒を生涯にわたって学び続ける学び手にするものです。

年を取るに従って、人は遊びを「趣味」と呼ぶようになります。その趣味は、大人の個人的な生活の重要な部分を占めるだけでなく、仕事や家庭生活とのバランスを保ってくれます。

学校は社会的な時間よりもはるかに重要である

もちろん、学校は大切な場所ですが、社会生活全体の一部でしかありません。だからこそ、教育計画を立てるときには、子どもの生活全体を見通して考える必要があります。

子どもの社会的・感情的スキルを育むことは、教師にとって重要な役割になります。学校での活動だけで、それらのスキルを育むことはできません。だからこそ、家族との連携が重要となり、各家庭においてもそれらのスキルを身につけるような取り組みをしてもらうのです(13)。

複数の両親をもつ家庭の子どもたちはどうしたらいいのか？

離婚したり、別居したりしている家庭では、互いの家庭間や学校とのコミュニケーションが希薄となり、家庭での学びを得にくい状況が生徒に生じています。しかし、両方の世帯を生徒の学びの過程に巻き込むことは可能です。とくに、上記の「ステップ2」と「ステップ5」の目的の

---

(12)　過度に目的を重視しすぎると、遊びの価値が失われてしまうような気がしないではありません。遊びの教育的なパワーについては、前述の『遊びが学びに欠かせないわけ』（とくに第7章）を参照してください。

(13)　まったく、そのとおりだと思います。そのためにも、両者の連携と、双方のより効果的かつ効率的な実践が求められています。そのうちの一つとして、授業で社会的・感情的（ソフト）スキルが同時に磨ける方法もあるので、ぜひ試していただきたいです。「作家の時間、思わぬオマケ」を参照してください。

ために、両親から連絡先を教えてもらって協力を得るのです。

子どもと同居していないからといって、親は子どもの教育にわずかしかかかわらなくてもよいという理由はありません。著者の一人である私（サックシュタイン）は離婚をしていますが、息子の親権を共有していますし、息子の教師たちにお願いして、重要な連絡や資料は二つの家に送るようにお願いしています。そして教師たちは、息子の進捗状況について、頻繁に私と元夫の両方に送ってくれています。

こうしたコミュニケーションは、遊びと学びをつなぐ際には（とくに、保護者が二つの関連を理解できない場合は）極めて重要となります。遊びを通して学びを推し進めるためには、両方の世帯にいるときの遊びが学びの一部になっている必要があります。両方の世帯で学びの一部がつながりあうことで、初めて学びが確実なものになるのです。

授業ですべてを終わらせるだけの時間がない

学校での一日はやることが多すぎます。したがって、日々、生徒がやらなければならない量、ペース、範囲などについて見直す必要が出てきます。歴然とした事実は、たとえあなたがどれだけたくさんのことを一日にこなそうが、それらすべてを生徒が理解できるわけではないということです。

それであれば、スピードを緩めて、焦点を絞り、意味のある形で生徒が咀嚼できるようにすることのほうが道理にかなっていると思いませんか？　そして、すべての生徒が理解できるようになったら次に進むのです。(14)

テストでよい点を取るためにはそれらの知識が必要だ、と言いたいのは分かりますが、テストのためではなくて生徒のために教えませんか？

教師が頑張って、毎日カバーすべき範囲を押さえたところで、テストでよい点数が取れるわけではありませんし、生涯にわたって学ぶことが好きになるわけでもありません。そうではなくて、遊びに関連する活動と学びをよく混ぜ合わせることができると新しい学びが浸透して、学びの過程も楽しめるようになるのです。(15)

---

(14)　だからといって、スピードの速い生徒は指をくわえて待っているわけではありません。すでに「ハック４」（とくに八六～九二ページ）で紹介したように、クラスをいくつかのグループに分けて、それぞれに適度のチャレンジを提供する形で進めます。詳しくは、『ようこそ、一人ひとりをいかす教室へ』を参照してください。

(15)　この点について、「学びは不確実な将来への保険ではなく、いまこの瞬間の生を充実させる創造的な行為だと信じています」というコメントを書いてくれた翻訳協力者がいました。

ハックが実際に行われている事例

いつどこで素晴らしいことが起こるか、これについては誰にも分かりません。あなたが教師なら、私たちが何を言おうとしているか分かっているはずです。現在でも、多くの学校では準備と計画を教師がしすぎて、自由に探究したり、発見したりする余地を生徒に提供していません。[16] しかし、生徒に自分で判断をさせ、自分たちのアイディアをつくらせたときのほうが教室の文化はより良いものになるのです。

ピーター・キャメロン先生は、二〇年の経験がある小学校の教師です。彼は、Apple Distinguished Educator、SMART Exemplary Educator、Google Educator（巻末資料を参照）などに認定されている、授業においてＩＣＴを使いこなしている教師です。

彼は、毎日九〇分の宿題を出しています。宿題ないし家庭学習のことを英語では「Homework」と言いますが、[17] それを「Home SHARE（家で保護者と共有するもの）」という名称にして、目的とデザインを根本的に改めた彼のユニークな宿題をご覧ください。

キャメロン先生のストーリー

自分が生徒だったとき、私は宿題を嫌悪していました。台所のテーブルに座って、いつ終わるとも知れない大量の、意味のない算数の問題を終わらせようとしたり、口述のスペリングのテストのために二〇の単語を暗記していた様子を思い出します。でも、我慢と両親の助けでなんとか宿題を終わらせていました。

そして二〇年前、教師になったとき、それまでのほとんどすべての優れた教師がしていたように私も宿題を出しました。大量の算数の問題を解かせたり、読んだ本についてジャーナルに書かせたり、文法のワークシートを埋めさせたり、週毎に行う口述のスペリングのテストのために覚えさせたり、そしてユニットテストのための準備をさせたり、といったことです。しかし、宿題に対する私の考え方は、長年にわたる経験の過程において変化しました。

---

(16) これを日本流に言うなら、「教材研究」と「指導案作成」、ないし「指導書ベース」の授業からの脱却を意味していることになります。当然、それらをもとに行っている研究授業や公開研究協議会や研究紀要等の見直しというか、それらから解放されることが求められていることも意味します。要するに、教師のみが頑張る授業から生徒が頑張る授業への転換です。

(17) 「家で作業ないし仕事をする」という意味です。学校で生徒が授業を受けることは、単に「作業」ないし「仕事」と言われることが多いです。

いまは、従来の宿題が、生徒の学業成績や考えたり学んだりする能力を向上させるとは思っていません。実のところ、宿題はその反対の効果があると思っているくらいです。たくさんやらされると生徒にストレスが溜まり、困惑して、疲れ果てて学校に来ることになります。

また、家庭で保護者の（課題を手伝ってもらったり、あるいは最後まで終わらせるように励まされたりする）サポートが得られない生徒は、完成していない宿題を提出しがちとなります。結果的に、このグループの生徒が徐々に遅れてしまうことになります。

いまは、クラスの宿題を「家で共有する」ものに換えました。週に二〜三回、生徒は自分の書いた作品や、日常生活のなかにある算数の問題を解いたり、説明したり、あるいは遊びを通して自分が考え出した問題をつくったりしたものを保護者と共有するように求めています。

保護者には、生徒の作品にコメントを書いて、共有したあとにサインをするようにお願いしています。その結果はどうでしょうか？　生徒は、必ず宿題を完成するようになりました。また、保護者は、子どもの学びにこれまで以上にかかわっていると思っていますし、家でのストレスがかなり低下していると言っています。

私は、生徒がこれまで以上に主体的でバランスの取れたライフスタイルが送られるように、日々行う宿題に関して新しいタイプの実験をはじめました。二〇一五年度〜二〇一六年度の最後の二週間、次のような宿題を生徒に出しました。

記録シート

月　　日～　　日　　　宿　　題　　名前＿＿＿＿＿＿＿＿

以下のなかから一つ以上を、毎日最低でも90分間やってください。

月曜日 外で遊ぶ ＿＿＿＿ 運動する ＿＿＿＿ 何かをつくる ＿＿ 瞑想する ＿＿＿＿ 保護者と話す ＿＿ 本を読む ＿＿＿＿ ボランティアをする ＿＿	**火曜日** 外で遊ぶ ＿＿＿＿ 運動する ＿＿＿＿ 何かをつくる ＿＿ 瞑想する ＿＿＿＿ 保護者と話す ＿＿ 本を読む ＿＿＿＿ ボランティアをする ＿＿	**水曜日** 外で遊ぶ ＿＿＿＿ 運動する ＿＿＿＿ 何かをつくる ＿＿ 瞑想する ＿＿＿＿ 保護者と話す ＿＿ 本を読む ＿＿＿＿ ボランティアをする ＿＿
木曜日 外で遊ぶ ＿＿＿＿ 運動する ＿＿＿＿ 何かをつくる ＿＿ 瞑想する ＿＿＿＿ 保護者と話す ＿＿ 本を読む ＿＿＿＿ ボランティアをする ＿＿	**金曜日** 外で遊ぶ ＿＿＿＿ 運動する ＿＿＿＿ 何かをつくる ＿＿ 瞑想する ＿＿＿＿ 保護者と話す ＿＿ 本を読む ＿＿＿＿ ボランティアをする ＿＿	**土曜日** 外で遊ぶ ＿＿＿＿ 運動する ＿＿＿＿ 何かをつくる ＿＿ 瞑想する ＿＿＿＿ 保護者と話す ＿＿ 本を読む ＿＿＿＿ ボランティアをする ＿＿
日曜日 外で遊ぶ ＿＿＿＿ 運動する ＿＿＿＿ 何かをつくる ＿＿ 瞑想する ＿＿＿＿ 保護者と話す ＿＿ 本を読む ＿＿＿＿ ボランティアをする ＿＿	**振り返り**	

「宿題として、記録シート（前ページ）の一つ以上を毎日最低でも九〇分間やってください。外で遊ぶ。運動する。何かをつくる。瞑想する。保護者と話す。本を読む。ボランティアをする」

保護者には、宿題の記録シートを提供したうえで、生徒が何をしようとしているのかについて説明をしました。

この新しい宿題が出されてから初めての月曜日、生徒は教室に入ってくるなり、課題がどれだけ簡単か、どんなものをつくりだしたのか、どんな本を読みはじめたり、いまも読んだりしているか、どんな運動をしたかについて、みんな興奮して話してくれました。そして、私たちは「ボランティアをする」ことについて、それがどのように見えるか（たとえば、近所の人や親、兄弟に手助けを申し出るなど）について話し合いました。

家庭でどのように瞑想ができるのか、と質問をした生徒もいましたが、クラスメイトがいくつかのアイディアを提供していました（私の学校では、「穏やかな教室イニチアチブ」(18)を採用しています）。さらに私たちは、「取り組むバランスが大切なこと」と「これまでに行ったことがないことにチャレンジしてみる」ことについても話し合いました。

生徒は、学年最後の二週間、熱心にこの新しい宿題に取り組み続けました。一週間が終わった時点で、九二パーセントの生徒が完成した記録シートを提出していました。「振り返り」の部分は若干弱かったですが、私からのフィードバックとよく書けている生徒のシートを示すことで二週目には改善されました。

毎朝のクラス・ミーティングで、昨晩にどのような宿題をしたのか、よかったこと、そして次にやりたいと思っていることなどを生徒は共有しあいました。というより、すべての生徒がとても共有したがったのです。そうすることで一層やる気が出て、よりバランスの取れたライフスタイルを目指そうと頑張ったのです。

もちろん、ストレスもまったくなく、達成感をみんながもっており、共通の目標に向けてみんなが努力していることによる仲間意識もさらに強固なものになりました。

二週目には、新しい宿題は「自分たちのもの」と思う生徒がほとんどで、やるべきことをやり、しっかりと記録もつけられました。時間は短かったのですが、

（18）　https://www.calm.com/schools で詳細が見られます。

著者のコメント

キャメロン先生がそうだったように、多くの生徒は伝統的な宿題を嫌悪しています。それこそ、本書全体で扱っている問題です。宿題を葬り去ることが現実的ではないことは知っていますが、キャメロン先生が提供してくれた「家で共有する」というタイプの宿題なら、苦役としての宿題ではなく、学校が終わってからも楽しいことが起こりそうです。また、「家で共有する」なら、生徒が保護者と１日中一緒にいなくても、学校で起こっている学びと家での学びをつなぐことができそうです。

毎朝、前夜に自分たちが行ったことを共有しあいました。二週目が終わった段階で、私に言われることなく、八〇パーセントの生徒が宿題の記録シートを提出しました。自分が成し遂げたことを、私に見てほしかったのです。

二週間の実験期間が終わってから私は保護者からフィードバックを集め、生徒の記録シートを振り返りました。この二週間の新しい宿題の実験から私が得たものは何だったのでしょうか? 確実に言えることは、来年度も新しい五〜六年生たちとこれを続けるということです。そして、放課後の活動としてはいい、い、い、いことずくめなので、「家で共有する」活動を続けていきます。

最後に言えることは、私のクラスでは「伝統的な宿題」は過去の遺物になったということです。参考までに、保護者に出した手紙を掲載しておきます。

著者のコメント

「家で共有する」というアイディアは素晴らしいと思います。苦役だった宿題に自ら選んで取り組み、その結果を親と共有することで、学校が終わってからの家庭学習の仕方が根本的に転換しています。それは同時に、遊びと学びのギャップに対して見事に橋を架けました。

二〇一六年六月一三日

保護者のみなさま

従来の「家で共有する」ことに加えて、学年の最後の二週間は、生徒が週末も含めて一日最低でも九〇分間の宿題をすることを期待しています。下の黒板に示したように、生徒に選択肢を示しています。

生徒には、自分の宿題の記録をつけるためのシートも渡しています。毎日やり終わった段階で、振り返りを書くように指示しています。生徒は、気づいたこと、成功したこと、難しかったこと、新しく学んだこと、達成したくなった目標などについて書きます。

このアイディアについては、私のブログに詳しく書きました。生徒の保護者であるあなたからの感想、フィードバック、提案などをいただければとてもありがたいです。

今晩、メールで短いアンケート用紙を送らせていただ

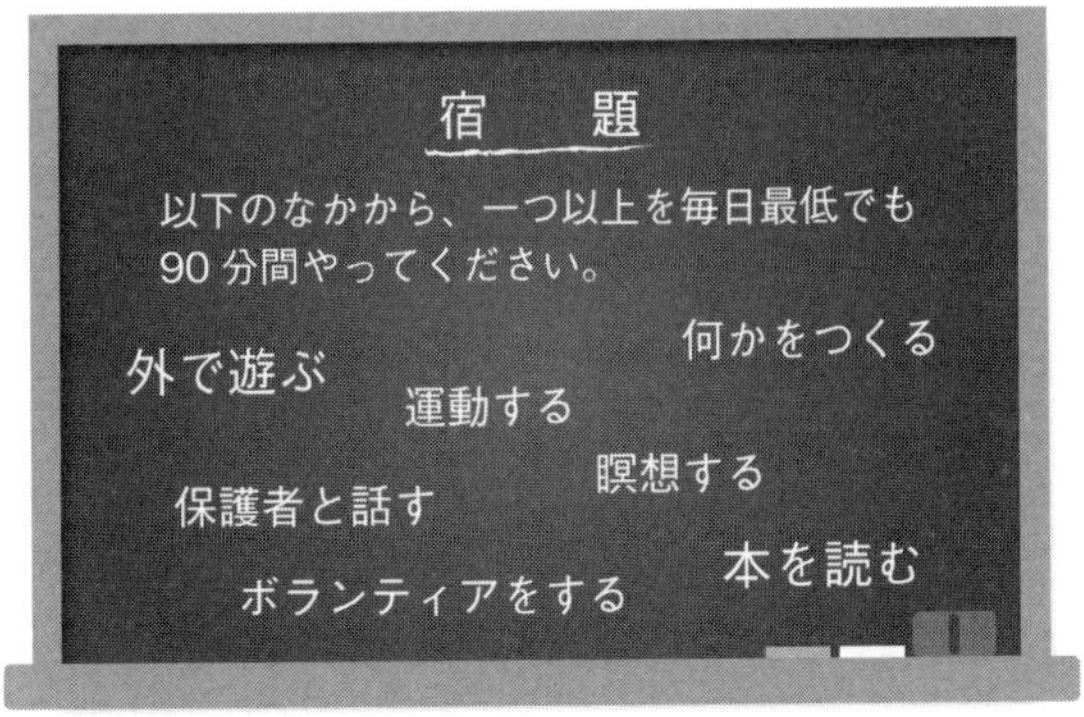
宿　題
以下のなかから、一つ以上を毎日最低でも
90 分間やってください。
何かをつくる
外で遊ぶ
運動する
瞑想する
保護者と話す
本を読む
ボランティアをする

きます。また、今回の実験が終わる二週間後にも、実際にやってみた感想、フィードバック、そして今後への提案などを書くためのアンケートを送らせていただきます。

いつもご協力ありがとうございます。

ピーター・キャメロン

宿題は、厄介なものである必要はありません。楽しくできるはずですし、またそうあるべきです。宿題は、誰にとっても意味のある活動をしながら、生徒が学んだことをしっかりと自分のものにする素晴らしいチャンスと、家族とともにそれを祝える機会を提供し得るものなのです。

授業中に終わらせることができなかった宿題をランドセルに入れて家に持ち帰り、頑張って終わらせるものと捉えることはすでに時代遅れです。今日の生徒は、多種多様なプレッシャーを抱えています。すでに忙しすぎる彼らの毎日に追加の課題を出すのではなく、楽しい時を過ごし、その日に学んだことを振り返れるようにしてあげることが私たちの仕事なのです。

ハック６

授業の前に好奇心を刺激する

―学びへの興味関心を生み出すつながりをつくる―

わたしには、特殊な才能はありません。
ただ、熱狂的な好奇心があるだけです(*)。

（アルベルト・アインシュタイン）

（*）『アインシュタイン150の言葉』ジェリー・メイヤー他編、ディスカヴァー21編集部訳、1997年、８ページ。

問題――宿題はいつも同じ順番で出される

宿題は、その日の授業で終わらなかったことを家で補うものとして出されることが多いものです。このような場合、意味ある形で取り組むための推進力と言えば、従順さ以外に考えられません。

教師のなかには、授業で教えたスキルを練習する場として宿題を使っている人もいます。そのため、学びに対するワクワク感を刺激するという、本来の可能性を見逃していることになります。宿題を出すときの理由がこのような場合、教室での学びを豊かなものにしようと生徒が想像力を発揮することを教師が認めていないことになります。

生徒の興味関心や向学心をうまく活用するために、以下のような状況を避ける必要があります。

・ほとんどの場合、課題を出す順番が内容面から決められている。予定表[1]に教えなければならない内容や時期が示されているため、生徒はもちろん教師も、教室内外で期待されていることに縛りつけられているように感じる。

・宿題が教室で行った学習の見直しでしかないとき、すでにその日の学びを身につけている生徒にとっては余計なものでしかない。ドリルを使って繰り返し練習させることも、逆に学習内容への興味を失わせるだけである。

・学習の流れと方法を限定することによって、生徒をうんざりさせている。これは、とくに宿題が授業後の練習である場合に起こる。(2)

ハック——授業の前に好奇心を刺激する

宿題は、あまり考えられることなく、従来どおりのやり方で出される場合が多すぎます。たしかに、授業で学んだことを生徒は練習することができますが、これが学びを助けるための唯一の方法ではありません。

私たち教師は、生徒全員の内に潜む好奇心を刺激する必要があります。時には、事前活動を行うことで、まだ学んでいないことについて好奇心を刺激することができます。

---

(1)　日本の場合は、教科書や、それに基づいてつくられている業者作成のドリル帳や練習帳のことです。

(2)　このことは、『ようこそ、一人ひとりをいかす教室へ』の本質的な部分を言い表しています。生徒の学び方、興味関心、学ぶスピードなどは違いますから、選択肢を提供しないと生徒は、「権威には服従しなくてはならない」という状況に陥るだけです。

あなたが明日にでもできること

生徒が興味関心のあることについて一覧表をつくる

学習の流れにおける選択肢を考える場合、どのような事前活動がもっとも好奇心を刺激するのかについて調べます。昔ながらのアンケートという手法を使って、興味関心があることを書き出してもらって情報を集めます。あるいは、クラス全員で話し合い、記録係が共有されたことを記録するというのもいいでしょう。

ほかのやり方として、参加することに対して控えめな生徒のためにグーグル・フォームを使うこともできます。もし、生徒が魔法に興味をもっていることが分かれば、次のユニットに対する興味関心を惹きつけるために、教師がシルクハットをかぶり、魔法の杖で教室の机を軽く叩いてみるのもいいかもしれません。

指導計画を見直す

指導計画（**訳者コラム**参照）を書くように求められている場合、すでに計画しているユニット全体を見て、学習を活性化できる場面がどこにあるのだろうかと考えます。つまり、「この計画のどこが適切なのか？」、「何を達成しようとしているのか？」、「生徒が学習内容により積極的に取り組むために、『刺激的な活動』（生徒の好奇心を惹きつけられる活動）を取り入れる余裕はあるのか？」と自問するわけです。これらの質問に対する回答をもとに、指導計画における学習範囲と学習の流れを見直します。

③事前学習を実施し、テストなしで評価する

次のユニットで扱う学習内容に関して授業以外で探究させることを目的として、生徒にこれからはじまる授業のヒントを与えます。何もしなくても生徒をワクワクさせることができるかもしれませんが、それだ

訳者コラム

指導計画

ここで示されている指導計画は、生徒の実態把握（診断的評価）に基づき、改訂される可能性があるものです。これに対して、生徒の実態を把握することなく、教科書の内容をもとに決められている教科書ベースの年間指導計画は、生徒の興味関心に目が向けられることがなく、学習を停滞させたり、硬直化させたりすることになります。

ここに示されている指導計画は、教科書ベースの年間指導計画に比べてかなり柔軟なもので、生徒の学びを活性化するうえで「なくてはならないもの」と言えるでしょう。こうした姿勢こそが、現在日本において求められている「カリキュラム・マネジメント」にとって大切なのではないでしょうか。

けでは生徒の好奇心を持続させることはできません。興味関心の火を消すことなく、灯し続ける必要があります。たとえば、蓋をした箱を机の上に置いておき、その中身について二〇の質問をして、推測するという方法があります。次に学ぶテーマや概念について生徒が考えられるように、箱にはこれからはじまる授業に関連したものを入れておきます。

完全実施に向けての青写真

ステップ1　事前学習にふさわしい配置を見いだす

「あなたが明日にでもできること」で紹介した活動を発展させる方法は、事前学習をふさわしい場面で取り入れるようにカリキュラム・マップ[4]を見直すことです。そうすることで、学習が効果的に組み立てられ、生徒がそのユニットの焦点に注目できるようになります。

とはいえ、この方法を多用するのは好ましくありません。なぜなら、ほかの活動や手続きでもそうですが、やりすぎると輝きが失われるからです。

もっとも効果的な方法は、学習内容や進み具合を見極めて、事前学習をどこにでも入れられるように余裕をもっておくことです。年間カリキュラムをうまく進めるためには、同じ学年や教科を担当する教師同士（対象となる生徒の年齢にもよります）がチームとなってカリキュラムを評価し、進み具合をうまく調整することに時間をかけます。

ステップ2　未知なるものの要点を使って好奇心を刺激する

事前学習の手引き（**訳者コラム**参照）は、テーマに興味関心をもたせたり、早い段階でユニット全体の目標を提示したりするうえでとても効果的です。好奇心を刺激するために、賛成／反対意見を出させるといった簡単な方法でも構いません。(5) そこで、生徒がすでにもっている知識とこれから授業で扱う情報を関連づけられるようにします。また、別の方法として、探究する新しい学習内容についての質問を考えるように促すというやり方もあります。(6)

いずれにしても、生徒が鍵となる質問がもてるように教えるために授業時間を使います。協働

（3）ここでの評価は、成績をつけることとはまったく異なるものです。これからはじまる学習に対する興味関心の度合いや、すでに知っていることなどを見るための活動ないし評価のことで、「診断的評価」と呼ばれているものです。詳しくは、『一人ひとりをいかす評価』（とくに第3章）をご覧ください。

（4）生徒が身につけることが求められている知識・スキルや、態度（資質）などと、教科の授業がどのように関連しているのかをまとめた一覧表のことです。

（5）「仮説実験授業」では、これを授業の導入時に必ず使っています。

（6）この方法は、『たった一つを変えるだけ』において分かりやすく紹介されています。

的なグループ活動を取り入れることで生徒の好奇心は刺激され、そのユニットでの学習に関して、たくさんの質問をつくりだすことができます。

単純な事実や情報を見つけることは、どこでもできます。したがって、質問はオープンなものとして、一つの答えに集約されるものは避けるようにします。これらの質問が複数の答えの可能性をもっていて、幅広いものになることを生徒に求めます。そうした質問は生徒の興味関心を高め、協働的な学びをサポートすることになります。

ステップ3　生徒に課題を選択させる

生徒が協働して質問をつくりだしたら、探究したいと思った質問を個々の生徒に選ばせます。

訳者コラム

事前学習の手引き

読む前の段階で扱うテーマに関して、子どもたちがもっている既存の知識や好奇心を活性化させて、理解を促進させるための方法が書かれたものです。

訳者が使っている方法は、「四つのコーナー」ないし「三つのコーナー」という方法です。部屋を四つか三つのコーナーに分け、テーマに関連する短い文章をいくつか読みます。生徒には、「強く賛成」「どちらかと言えば賛成」「どちらかと言えば反対」「強く反対」（三つの場合は、「賛成」「分からない」「反対」）というコーナーに移動してもらうのです。身体を使って自分の考えを表明するところがミソとなっています。

誰しも、本当に好奇心を刺激されたものについては詳しく説明したくなるものです。それゆえ、選択した課題の答えを生徒は探究したくなるのです。

答えを探究する過程で、家族に質問したり、インターネット上で見つけた情報や本を読んだり、そのほか利用できる情報源を見たりすることもあります。こうしたことが、好奇心を刺激し続けることに役立ちます。グループのメンバーそれぞれが別のものに焦点を当てることによって、協働してアプローチすることや、教師から生徒へ学びの責任を移行することが簡単になります。

ステップ4　一人ひとりの学びを、意味をつくりだすことにつなげる

生徒が質問に関する情報を集めた時点で、それぞれが発見したことをクラスで共有する時間をつくります。この共有の時間において、生徒に重複した部分を見いださせます。そうすることで、生徒は一つ一つの情報を全体の学びに関連づけることができます。

同じテーマに対して異なる視点が提示されることで生徒は、証拠として挙げた情報が別の情報とどのように関連しているのかについて理解できます。そのなかで生徒は、ほかの人から刺激を受けて、自分が興味関心をもったものを探究したいという思いをさらに強くしていくのです。そして、生徒一人ひとりが学びのコミュニティーに貢献する一員であることを自覚するといった学習環境が生まれます。生徒が調べてきた情報は、ユニットの学習を進めていくのに役立ちます。

ステップ5　ユニットを通して生徒の探究活動を振り返る

ある生徒が調べてきた情報を掲示するときは、ほかの生徒にもその情報が見えるようにしておきます。そのなかに誤解があったとしても、そのまま載せておいてください。それらの情報を次のユニットを計画する際に活用して、学習内容を理解するときに、生徒が最初の考えを再考したり修正したりできるようにします。

メタ的に考える方法を生徒に教えて、彼らがこれからの人生で出合うさまざまな事柄を探究するときに応用できるよう、学びの「見える化」を図りましょう[7]。

課題を乗り越える

私たちは、その日の授業で学んだことを教師が評価したり、生徒がその日に学んだ学習内容を振り返って練習したりするために宿題が必要だと思い込んでいます。教師のなかには、これまでの学び方を変えようとする提案に反対して、これまでと同じやり方を続けることが家庭学習の時間をもっとも有効に活用する方法だと主張する人もいます。しかし、次のように答えることで、そうした反対意見に対処することができます。

どのようにしたら宿題で生徒が知らないことを扱えるのか？

私たちには、生徒のことを信頼しきれていないということがよくあります。ユーチューブが活用できるという時代に、教師がカバーしなかった内容について、生徒が情報収集をすることができないという考え方はあまりにもお粗末です。(8)

生徒に必要なのは、グーグルで入力して、情報あるいは動画を検索するときに使う「検索対象の正しいスペル（言葉）」だけです。授業で扱う以前に、学習内容の下調べを認めることで生徒の好奇心は刺激され、自ら探究活動をスタートさせ、自立した学び手に必要とされるスキルの練習ができるのです。

（7）ここに書かれていることは、中間テストや期末テストといった、いわゆる定期テストで生徒の学びを評価することに対する痛烈な批判です。継続的な振り返りによって生徒がユニットを通してどのように成長したかを、教師も生徒自身も評価＋修正改善することができますし、学んだことを学校外でも活用できるようになるので、とても効果的です。この種の方法がたくさん紹介されている本に『増補版「考える力」はこうしてつける』がありますので、参考にしてください。言うまでもなく、テストはメタ的に考える力を育むのには役立ちません。また、ブログ「ＰＬＣ便り」（二〇一八年一一月二三日）の記事も参考になります。

（8）日本語で見られるものは、残念ながらまだ少ないと思います。

生徒は、家庭での学習時間を練習に費やす必要がある

生徒のなかには、練習するために家庭において多くの時間を必要とする人もいます。しかし、決して全員に当てはまるわけではありません。練習を必要とする生徒でさえ、異なる視点から学びにアプローチすることでプラスになります。

しかも、練習は、授業でやったことをそのまま繰り返すといったものである必要はありません。教師であれば、さまざまな考え、スキル、概念を応用して、新しいことを生徒が学び、物事を分析的に捉える力を発達させ、学習内容を深く理解できるようにサポートしてあげたいものです。

そうなれば、練習が必要な場合も、古い概念を提示することに終始せず、新しい概念を提示することができるはずです。練習を積むことによって完璧になることも確かですが、全員が同じ練習をする必要はないのです。

宿題をするのに好奇心は必要ない――好奇心はほかの活動のために取っておくべきである

これは、とてもひどい考え方です。興味関心を生み出すというのは、(9)教えるうえでもっとも大切な目標です。教育者としての仕事は、学びを楽しいものにすることです。そうすれば、生徒は生涯にわたって学び続ける学び手になります。探究好きな大人は、自分の好奇心が満たされるまで熱心に情報を探し求めるものです。

ハックが実際に行われている事例

ジャスティン・バークビシラー先生は、バージニア州スタンフォード郡の公立学校で小学四年生の担任をしています。彼は、Google for Education 認定イノベーター（巻末資料を参照）でもあります。

指導歴が三年というバークビシラー先生が、授業前に生徒の学びに火をつけるために、どのようにして教室外での学びを刺激したのかについて説明してくれています。一読されれば、生徒の学びたいという気持ちが大きく刺激されていることが分かります。

バークビシラー先生のストーリー

私が担任をしている四年生のクラスでは、授業で学習しはじめる前に、生徒が家庭で学習する内容に取り組むということがよくあります。私がよくやっているのは、家庭学習の時間を、生徒

（9）宿題だけでなく、学校での授業も「苦役」と捉えている教師が少なからずいることは悲しいことです。そう捉えることで発信しているメッセージは、勉強や学習は「主体的に取り組むべきものではなく、強制されてするものだ」となります。

の興味関心を刺激したり、情報を先取りしたりするための時間にすることです。授業中に行った活動の練習時間とするよりも、そのほうがよいと思っています。

この予習型の宿題はさまざまな形で行われます。そのなかには、ＩＣＴを利用したものもあれば、身近な世界や人とのやり取りを利用したものもあります。

算数の授業は反転授業[10]の形で進めています。そうすることで、事前にいくつかの概念を紹介することができます。もっとも大切なことは、生徒のさまざまな興味関心を示した一覧表をつくって[11]、事前学習で生徒が視聴することになるビデオ制作に活用することです。こうすることで生徒の心は強く動かされ、熱中して学ぶようになります。

一例を挙げましょう。ある生徒は、ソフトボールは好きだが算数の新しい概念を学ぶことが苦手であると私は把握していました。そこで、割り算の筆算を紹介するために、ソフトボールチームのメンバーで新しいグローブを分配するというシナリオをイメージしてビデオ制作を行いました。翌朝、彼女は、割り算の筆算についてたくさんのことを学べるとワクワクしながら登校してきました。

しかし、ビデオを見たからといって、彼女の好奇心が刺激され、知りたいと思うようになるわけではありませんのでご注意を。

私が住んでいる州の到達目標では、質量、長さ、容積などを測定する際、アメリカの慣用単位

（つまり、ヤード・ポンド法）とメートル法の両方を理解することが求められています。生徒が下校するまでに、彼らが家庭で見つけられるものの一覧表をつくって配付しました。

その一覧表を使って、これまでにはない測定法の宿題ができました。たとえば、「長さが一インチのものを探しなさい」という宿題の代わりに、「長さが人指し指の真ん中の関節くらいのものを探しなさい」と指示したのです。

翌朝、登校した生徒は、自分たちが測ったものについて発

(10)　反転授業とは、授業と宿題の役割を「反転」させ、授業時間外にデジタル教材などによって知識習得を済ませ、教室では知識確認や問題解決学習を行う授業形態のことです。

(11)　たとえば、次のような項目でアンケート調査をすることで集められます。①情熱／こだわりをもっていること、②家族について、③スポーツなどの趣味、④勉強面での好き嫌い、⑤食べ物・飲み物の好き嫌い、⑥肉体的／身体的な特徴や持病、⑦特技、⑧その他の特筆しておきたい情報（出典は、未邦訳の『Hacking Education（教育をハックする）』一二一ページ）。

著者のコメント

「完全実施に向けての青写真」や「あなたができること」で述べたように、バークビシラー先生は生徒の好奇心に火をつけ、学校での学びを越えて熱中させるために生徒の興味関心を利用することの重要性を強調しています。学びを年中無休のものにするために、これは欠かせないことです。

見したことをクラスメイトと共有したがっていました。多くの生徒が、鉛筆の先に付いている消しゴムがちょうどいい長さであることを発見していました。ただ、一人だけ、子猫の手の長さがちょうどいいと主張した生徒がいました。

これが、測定法について、ユニットの導入部分で行った活動でした。この活動によって一人ひとりの生徒が測定基準をもつことができるようになり、アメリカの慣用単位とメートル法が応用できるようになったのです。

また、週末（とりわけ、長期休暇の期間）を利用して、家族と一緒にさまざまな場所を訪れてみるようにすすめてもいます。南北戦争は四年生のカリキュラムのなかでも大きな位置を占めていますが、幸いなことに、その多くの戦場であった場所に生徒が住んでいるのです。授業で扱う戦場の多くが、学校から車で九〇分以内の所にあるのです。

保護者と生徒に、南北戦争についての学習がはじまる前に、家族で訪れてみるように伝えました。旅行案内所と訪れてほしい戦場の場所、そしてツアーの案内をとくに強調しました。

出かけることができない生徒もいましたので、私が現地に赴き、Google Classroom、フェイスブック、ツイッターなどのメッセージ・アプリを使って、写真付きのメッセージを生徒と保護者に直接送信しました。これによって、生徒全員が「事前の宿題」を体験し、授業で学習する準備ができたわけです。

カリキュラムで、重要な位置づけとなっている時代がもう一つあります。それは、人種差別撤廃の時代です。私は、生徒の祖父母が融合政策開始当時のことをよく知っていると把握していました。そこで生徒に、大規模な公民権運動について知っていることや、一九五〇年代や一九六〇年代の学校の様子を祖父母から聞いてくるようにと伝えました。

祖父母の話を聞いて、しばらくの間、学校が閉鎖されていたことに生徒は驚いていました！　よりたくさんのことを学びたいと生徒が切望していたので、このユニットに抵抗なく入ることができました。

家庭で授業の振り返りをするように促すことは、ユニットへの効果的な導入になります。課題が具体的で、生活に関連したものである場合はとくにそうです。九角形が「ナノゴン」と呼ばれることをひたすら記憶するだけではつまらないですし、生徒にとっては何の意

著者のコメント

バークビシラー先生が提供してくれた事例は、保護者と生徒をつなぎ、彼らが教室を越えた幅広い学びに取り組めるように促していると言えます。

私（著者のサックシュタイン）は、実際に歴史を体験するために息子を歴史遺産によく連れていきました。そのおかげで、息子は学校での学習と母親と一緒に行った旅行を結びつけることができました。

味もありません。しかし、家や自然のなかにあるナノゴンを探すように言えば、自然と疑問をもち、好奇心をもった冒険の世界が生まれるのです。

伝統的な指導案に則った授業をしているからといって、学びが必ず生まれるわけではありません。指導計画を立てるとき、学習内容をどのように配列すれば効果的なものになり、生徒が熱中して取り組むことにつながるかを見極める必要があります。生徒の学びを刺激する学校外での活動は、とても大切な学びの「呼び水」となるのです。またそれは、教室での学習内容と、家族間の関係、学校外での意味ある探究、そして生徒の日常生活を結びつけるだけでなく、積極的に保護者が教育に参加するように促すことになります。

いつ、どのように学習内容にアプローチするかという単純な私たちの選択が、生徒が熱中して取り組めるかどうかを決定づけます[12]。事前学習は、意味のあるやり方で学びにアプローチするように生徒を動機づけてくれるのです。それは、学校外でもできることです。

---

(12) すでに見たように、筆者たちが示している事前学習は、教科書などを事前に予習することとは根本的に違います。予習・復習という考え方自体が問われているような気がします。

ハック 7

デジタルで やり取りする場を活用する

―学びのためにソーシャルメディアを利用する―

いかなる問題も、それをつくりだした
同じ意識によって解決することはできません(*)。

(アルベルト・アインシュタイン)

(*)『アインシュタイン150の言葉』ジェリー・メイヤー他編、ディスカヴァー21編集部訳、1997年、44ページ。

問題――時代が変わっても学校は変わっていない

多くの生徒は気晴らしに、スマートフォン、パソコン、タブレットなどの個人用機器を利用しています。もちろん、宿題をする代わりにこれらを使って学ぶことができます。学校は、こうした個人的な時間と空間を有効に活用していません。①また、ノートやワークシートに鉛筆で書き込むという古いやり方ばかりを強制し、生徒が好むやり方を無視しています。②

このような状況は二重の苦しみを与えます。一つ目は、学習する内容に生徒が興味をもつことがありません。二つ目として、課題を完成させる方法に生徒はうんざりとしているのです。デジタル化の流れを避けるのではなく、デジタル化の流れをうまく活用していくべきです。学びを考えるうえにおいて、学校でも家庭でも重要なことと言えます。

学習や仕事におけるデジタル化の流れを避けることはできませんし、避けるべきでもありません。そのために私たちは、デジタル機器を活用した学習に対して、次のような見方を変える必要があります。

・ソーシャルメディアの利用を、学びへの弊害、学びからの逃避と捉える。フェイスブックやツイッターなどのアプリは、学校で健全な学習を脅かすものとして扱っている。ソーシャルメディアの使用を禁じる校則を設けて、ソーシャルメディアが入ってくるのを阻止している学校もある。

・生徒は、社会への新しい窓口の活用方法をきちんと学んでいない。その結果、優れたデジタル市民として行動できず、オンライン上でお互いをおとしめあうなど、悪用している。

・授業と宿題において、鉛筆と紙だけの使用規制をすること自体、もはや今日の社会状況を反映していない。生徒に変わることを期待するよりも、学校教育というシステムを変えるべきときが来ている。

ハック——デジタルでやり取りする場を活用する

生徒はすでにデジタル社会を生きています。生徒は、Snapchat、インスタグラム、フェイス

（１）大学や高校、さらには小・中学校ですら、仕組みさえ整えられれば授業中も使えます。

（２）「学校の旧態依然とした考え方に苛立ちを感じる回数が増えています。世の中の変化に一番疎いのが学校社会だ、と感じています」というコメントが翻訳協力者からありました。学校が社会に開かれたものとするためにも、生徒の現状をしっかりと把握し、それに応じた教育のあり方を考えて実践していく必要があります。

タイム（巻末資料参照）を使って、いまの大人がまだ若かったころには経験したことのないやり方で他者とやり取りをしています。大人が経験してきたことと同じようにしなさいと生徒に強制するのではなく、学校が時代の変化に応じて、ＩＣＴやソーシャルメディアを教室内外の学びに取り入れられるようにしていく必要があります。

一度でも学校でデジタル機器を使うという体験をしていれば、将来の生活に役立つデジタル・スキルを生徒はさらに伸ばすことができます。

教師や保護者は、生徒がＩＣＴの有用性に気づいていることを理解する必要があります。生徒は、すでにさまざまなデジタル機器を使いこなしているのです。したがって、学校のなかでもＩＣＴのパワーを最大限に活用すれば、生徒の個人面と学業面の両方に役立つ「二一世紀型スキル」(3)を教えることができます。

多くの生徒は、自分が持っているデジタル機器における学びの可能性を活用できていません。ですから、学ぶうえにおいて、いつ、どのようにデジタル機器を使うかについて教えてもらう必要があります(4)。まずは学校でモデルを示してあげれば、次第に教室外でもうまく使えるようになります。

あなたが明日にでもできること

デジタル機器の使用可能な範囲を生徒と決める

社会のデジタル化が進み、デジタル機器を利用できる場面が広がっています。また、その範囲は、私たちが思っている以上に広がっています。それゆえ生徒は、さまざまな場面がデジタル化されていることを早く学ぶ必要があります。

小学校からデジタル社会についての話し合いをはじめてください。明日にでもはじめれば、生徒が何をどこに投稿しているのか、どのようにシェアしているか、またデジタル社会に参加することで自分の生活にどのような影響があるのかについて話し合うことができます。

（3）　二一世紀型スキルとは、「創造性／イノベーション、批判的思考、問題解決、意志決定と学習」（思考の方法）、「コミュニケーションと協働」（仕事の方法）、「情報通信技術（ＩＣＴ）と情報リテラシー」（学習ツール）、「市民性、生活と職業、個人的および社会的責任」（社会生活）などとされています。

（4）　モデルを示すことは、人が学ぶうえでもっとも効果的な教え方の一つです。しかし、残念なことに日本ではまだあまり大切にされている教え方ではありません。モデルを含めた、学びの責任を徐々に生徒に移行していく教え方については、『「学び」の責任は誰にあるのか？』が参考になります。

こうしたことを教室で話し合うことは、生徒の年齢に関係なく、生徒が成長するために教えるべきことを教師が理解するうえでも役立ちます。デジタル社会に参加する方法について生徒と話し合うことで、教師はどのようなアプリを生徒が利用しているのかについても把握することができます。それによって生徒の現状を理解し、どのような話し合い（と指導）が必要なのかについても適切な方法を見極めることができます。

インターネットを活用してやり取りをする

デジタル機器を使って生徒に課題を提出させるということは、すぐにでもできることです。学校で「G Suite for Education」（巻末資料参照）を導入していなくとも、メールで課題を提出させることができます。すでにこれを導入しているのであれば、グーグル・ドキュメントや関連アプリを使うことでたくさんの選択肢を共有したり、クラウドを利用して重要な資料を収集したりすることができます。

もはや、教師も生徒もワークシートをなくす心配がありません。生徒がまだ自分のｅメールアカウントをもっていない場合は、保護者にかかわってもらう絶好のチャンスだと思ってください。保護者は、子どもがｅメールアカウントをもつまでの間、子どもの課題を見直したり、子どもの代わりに課題を送ったりすることができるのです。

生徒がお気に入りとしているアプリの一覧表を作成する

この作成のために少々時間を割くことになりますが、その効果はすぐに現れます。生徒が使っているアプリが把握できれば、それらについてよく理解し、学習目的においてどのように活用できるかについて考えることができます。

娯楽のためではなく、学習目的としてのアプリの活用法を生徒が理解すれば、教室でリーダーシップを発揮したり、昼食を兼ねた勉強会で教師役を務めたりすることができます。たとえば、生徒におすすめのアプリについてのレッスンをお願いすることもできるのです。そうすることで、アプリを使って生徒はいつでも連絡を取り合えるうえに、二一世紀に必要なツールを活用して、家庭における学びの可能性を広げることができます。

さらに利用できるアプリが増えれば、生徒は興味関心をもったことを探究したり、授業を教室外に広げたりするときに、必要な情報をより多く手に入れることができます(5)。また、年少の生徒が利用できるように、保護者にアプリの承認をもらっておくことも大切となります。そうすることで保護者は、子どものデジタル社会とのかかわり方について常に最新の状況が把握で

(5)　このあたりの生徒同士でのコンピューター・リテラシーを拡張する力については、『遊びが学びに欠かせない』の第6章に詳しく書かれていますので参考にしてください。

きますし、データの使われ方に関しても心配する必要がなくなります。

生徒の使っているデジタル機器とその利用方法を調査する

スマートフォンやタブレット、またはデスクトップやラップトップを利用する生徒数を把握しておくことは、課題の提出方法や、やり取りの仕方を考えるうえにおいて大切となります。生徒は、デジタル機器を自由に使用できる環境にあるのでしょうか？　教師は、生徒の年齢を問わず、一人でアクセスするか保護者と一緒にアクセスしているのかにかかわらず、生徒がどれほど自由にデジタル機器を使えるのかについて知っておく必要があります。

もし、生徒がデジタル機器を使用していなければ、学びを継続させるために家庭でできることについて話し合います。地域にある図書館の利用をすすめたり、生徒に機器を貸し出したりすることが可能な場合でも、家庭学習のより良いサポートができるように、保護者と連絡を取り続ける必要があります。

デジタル機器は学習を支える一つのツールでしかなく、それがないから学習できないということにはなりません。生徒がデジタル機器を持っていない場合は、ノートやバインダーを使うなどして代わりの方法を選択することもできます。その場合は、資料や課題を分類整理したり、手書きのものを打ち込んだりするために授業時間を割くようにします。また、教室で使用する教科書を持ち帰ることができない場合は、地域の図書館が貴重な場所となります。そこでインターネットを利用したり、本で調べたりすることができるからです。

デジタル機器をどのように使っているのか同僚と話し合う

学んだことを生徒に身につけてほしいのであれば、自分一人で教えるのではなく、共通認識のもと、同僚とともに教えることが大切です。日常的に、教室内外でデジタル機器をどのように利用しているかについて同僚と情報交換をするとよいでしょう。こうした情報交換は、お互いに協力するきっかけとなりますし、生徒や保護者にとっても学びを前進させる出発点となります。

同僚との情報交換から、教育以外の分野でうまくいっていることや、逆にうまくいっていないことについて新たな情報を入手することができます。すでに何でも知っているという立場ではなく、学び続けるという立場からアプローチすることが大切です。そうすることで、一方的に説明するのではなく、いろいろな考えを受け入れることが可能となります。

このような方法は、複数のクラスで歩調をあわせて、ソーシャルメディアに関して学校外ですでに当たり前になっていることに取り組むためにも素晴らしいやり方と言えます。

完全実施に向けての青写真

ステップ1　ソーシャルメディアの使用規則を生徒と見直す

規則のあることを生徒が分かっているだけでは十分ではありません。どうして規則があるのか、どうやって規則を守るのかについて理解する必要があります。ひとたび生徒が規則を守る理由や規則の守り方を理解すれば、生徒の学びを公開します(6)。

年少の生徒の場合は、クラス限定での公開とし、それ以上の学年ではインターネットで広く公開します。そうすることで、デジタル機器を自由に使用して学びを公開することができます。

生徒にとって分かりやすい言葉を使って使用規則を授業中に書き直し、教室に掲示しておきます。そして、使用規則を覚えておくことができるように、継続的に確認します。何か問題があれば、生徒や保護者と使用規則を踏まえた話し合いを行います。

ステップ2　家庭でのソーシャルメディアの使用方法について取り決めた学校や教育委員会の規則をうまく活用する

多くの教育委員会は、ソーシャルメディアに関する規則を時代とともに変えています。それにより、生徒の安全を保証するとともに、新しい学びの場のあり方についての対話が生まれつつあります。もちろん、教室でのソーシャルメディアの使用規則も、学校や教育委員会の使用規則に沿ったものにする必要があります。

ソーシャルメディアは、成功例を共有するうえにおいては最高の場所であると言えます。成功例を活用して、あなたが関係する教育委員会や学校を、より制限なくソーシャルメディアが使用できる環境に改善していく足がかりとしてください。

ソーシャルメディアの使用規則は、生徒の安全を保証しつつ、コミュニティーをつくるためのものです。したがって、保護者がこれらの規則をしっかりと理解できるようにサポートすることが大切となります。そうすることで保護者は、使用規則を守ってソーシャルメディアを使用するように生徒を指導することができます。

生徒を通じてすぐに使用規則を保護者に伝えます。そうすれば、家庭でもソーシャルメディア

（6）翻訳協力者から、「とても大事なステップだと思います。ここは、これから丁寧に扱いたいところです」というコメントをいただきました。残念ながら、日本の現状として、これほど簡単に学びを公開することができない、あるいは「プライバシー保護」の名のもとに、公開できる情報がどんどん少なくなってきているのが現状ではないでしょうか。したがって、日本では少なくとも管理職や保護者の了解が必要となります。そのためにも、「ステップ2」などを参考に、管理職や保護者の協力を得ることができるようにしていく必要があります。

を適切に使用することができます。保護者と一緒に練習したり、サポートを続けたりすることでコミュニティーはより強固なものになり、よりたくさんの成功談が共有されることになります。(7)

ステップ3 ふさわしいソーシャルメディアの使用方法のモデルを示して練習する

生徒の年齢に応じて、利用するソーシャルメディアのアプリは、公開か非公開のものを選択して使用します。年少の生徒には、「Edmondo」「Meetu」「Kidblog」（巻末資料参照）などの非公開アプリを利用することで、優れたデジタル市民になるための練習を教室で行うことが可能となります。年齢が上の生徒には、教室内外でのやり取りの手段として、ツイッターを利用するのがよいでしょう。

生徒がこれらの活動目的を理解し、やり取りにしっかりと参加できるようになるまで、教師が適切に指導する必要があります。「#WJPSaplit」「#WJPSnews」「#SCSPLN」といったクラス用のハッシュタグを作成しておくと、生徒や保護者が教室外で学びを進めるための情報を得ることができます。さらに、こうしたクラス用のハッシュタグを作成しておくことで学習をガラス張りにすることができ、学校での一日がどのように進んでいるのかという情報を家庭で入手できるようになります。そして生徒は、授業中に学びの振り返りができるだけでなく、時間に余裕があるときに自分で振り返りができます。

デジタルでやり取りする際の適切な参加の仕方を理解できるようにするために、生徒がどのように参加しているのかについてしっかりと分析する必要があります。ツイッターが使用できるようになるには、より多くのサポートが必要です。それらを使うことができれば、家庭にいても生徒は友だちや家族と学び続けることができます。

年少の生徒向けに、ツイッターのタイムラインのように学校外での学習について書き込める場所を画用紙でつくり、教室内に掲示します。そして、生徒につぶやきの上手な使い方や欠点を教えます。(8) そうすることで、生徒はクラス用のハッシュタグの使い方を理解するようになります。

一六六ページで示しますが、ジェニファー・シェファー先生が「ハックが実際に行われている事例」のなかで実践しているように、学校外でこれらの情報源を生徒に利用させる前に、練習するための時間を十分に取るようにしてください。

---

(7)　保護者とのコミュニケーションの難しさは、『成績をハックする』で度々紹介されていました。一方的な情報提供では、教師や学校側の意図を理解してもらえるということはなかなか期待できません。そこでおすすめなのが、最後のところに書かれている「教師と保護者が一緒に練習したり、サポートしたりする」アプローチをとっている『ペアレント・プロジェクト』となります。

(8)　自分が使っていない場合は、ツイッターを効果的に使っている人に来てもらったり、使いこなしている例を活用して一緒に考えることも効果的です。

ステップ4　生徒がうまく使用できるようになるまで、ソーシャルメディアを使ったやり取りを観察する

これらのソーシャルメディアの適切な使用方法を教えるために、初めのうちは教師がうまくいっているかどうかを観察しなければなりません。不適切な使用が見つかったときこそ、使用方法についてしっかりと教えるチャンスとなります。そこで、生徒は生涯にわたってうまく使用する基礎を身につけることになります。

教師は、学校内外での生徒のソーシャルメディアとのかかわり方を教える立場にいます。したがって、教え方をしっかりと考える必要があります。年少の生徒に教えるときは、実際にソーシャルメディアを使用する機会をつくってください。もし、誤った方法やネット上でのいじめがあった場合は、「解決するために話し合いたい」と生徒が言えるように指導しておきます。

教師がインターネット上のやり取りに参加して、修正する方法についてモデルを示すことで、子どもが傷つくことなく適切に対応ができるようにします。たとえば、子どもたちが「ひどい投稿メッセージがある」と言ってきたり、「コメントに意味がないものが追加されている」と申し出てきたりしたときには次のように指導します。

まず、教師が詳しく情報を収集し、生徒の疑問を明確にします。次に、「ひどい」と言うだけでは反対意見を述べるうえにおいて建設的でないことを確認させ、「〇〇の理由から私は賛成で

きない」や「○○という理由から、この意見は私の考え方にはあわない」というように、反対意見を述べる際に使える別の言い方を提案します。こうすれば、生徒はその対処方法をしっかりと理解することができます。

生徒は自分の考えを述べてもよいということはすぐに学ぶでしょうが、理由を述べて、やり取りを前進させるためのコメントが話せるようになることが必要です。

授業で適切な対応を学んだあと、教師は生徒のソーシャルメディアの使用を見守ります。また、その見守りを通して、生徒がほかの人を傷つけずにやり取りを進め、度のすぎるコメントがあったときには適切に対処できるようにサポートします。家庭において、生徒がいつ、どのようにアクセスしているかはあまり観察されていないでしょうから、難しい状況にかかわったり、状況を悪化させたりすることがないように、生徒は適切な対処方法を知っておく必要があります。

ステップ5　生徒が利用しているさまざまなアプリの使用方法を知らない場合、昼食を兼ねた勉強会のときに、すでに使っている生徒にレッスンをしてもらう

時として、教えるために教師は自らのプライドを捨てる必要が出てきます。生徒がすでに知っていることをクラスで共有するために、教師が知らないということが利点になることもあります。

たとえば、次のようなケースです。新しいアプリについての優れた学び方として、授業でそ

のアプリについてのプレゼンを生徒にしてもらうというやり方があります。別の方法としては、動画を撮影し、個別学習用の映像を作成しておき、クラウド上の共有フォルダーに保管しておくというやり方もあります。また、興味をもった人が利用できるように記録を残しておき、生徒に昼食を兼ねた勉強会でプレゼンをしてもらうという方法もあります。この方法であれば、本人がその場に参加できなくても、あとでプレゼンを見ることができます。

自分がすでに知っていることを発表するという行為は、生徒にとってはワクワクするものです。また生徒は、年齢に関係なく、お互いに教え合いたいと思っているものです。生徒からすれば、教師が生徒から学ぶということはうれしいものなのです。こうしたやり取りは、教師にとっても生徒にとっても価値があるものとなります。

課題を乗り越える

ソーシャルメディアは、生徒や教師が生活していくうえですでに大きな役割を担っています。したがって、ソーシャルメディアを使った学びのパワーについてあらかじめ考えておくことが大切です。しかしながら、デジタル機器やソーシャルメディアを使って生徒とやり取りをすることに価値を見いだせない人もいます。課題に遭遇したときは、次のような対応を考えてみてください。

学習過程でソーシャルメディアの出番がなく、学校外でしか使えない

多くの人が、ソーシャルメディアは学校にふさわしくないと主張しています。その理由は、ソーシャルメディアは気晴らしのためのものであり、教育的ではない、というものです。しかし、ソーシャルメディアは世界をより身近なものにしますし、より多くの場面で使用することが可能です。事実、生徒はすでに使用しているわけですが、その目的が最大限活用されているわけではありません。したがって、ソーシャルメディアの効果的な使い方を教える必要があります。

良くも悪くも、生徒はすでにさまざまなアプリを使ってやり取りをしています。これを否定するというのであれば、現実から目を背けている、と言わざるを得ません。生徒がそうしたデジタル環境を安全かつ最大限活用できるようにするために、教師がモデルを示したり、実際に練習させたりして、どうすれば最大限に活用できるかを教える必要があります。

気晴らしだ、という主張に関して言えば、授業が魅力的でなければ、ソーシャルメディアであろうがなかろうが、生徒は気を紛らわす方法をほかに見つけるものです。デジタル機器のせいにせず、自分の授業が魅力あるものになっているかどうかを振り返ることが必要です。

「ソーシャルメディアの見張り番」になることは私たちの仕事ではない

「教師はソーシャルメディアの見張り番ではない」ということについては賛成です。しかし、運動場である生徒がほかの生徒をいじめていたら、あなたは止めに入るはずです。インターネット上なのか、運動場なのか、場所の違いは関係ありません。

しっかりと節度を守って、生徒が行動できるように教えることが教師の仕事です。したがって、生徒が安全で適切に遊ぶことができるように、実際に生徒が遊んでいる場所に行ってみましょう。誰も見ていない危険な場所に生徒を連れていき、一人でそこに残したまま、何も教えないというわけにはいきません。

なぜ、ソーシャルメディアではそのようなことが起こるのでしょうか？　ほかの仕事に支障をきたすことなく、生徒のソーシャルメディア使用実態を把握することは決して難しくありません。

「そうは言っても、私はソーシャルメディアを利用していない」

それなら、いまからはじめればよいのです。ソーシャルメディアはさまざまな人とかかわりをもち、さまざまなことを調べるのにとても有効なツールです。ツイッターの無料アカウントでサインアップして、優れたデジタル市民の振る舞い方を共有し、モデルを示してください。

アカウントを作成し、使用をはじめたら、家庭でもオンライン上でのやり取りを前進させる方

図７－１　教室掲示のツイッター

クラスでやり取りするための質問の質問をつぶやきます。 ⇨

@学び手さんのクラス
この夏一番何にワクワクした？

ツイート	フォロー	フォロワー
150	24	24

@学び手さんのクラス
友だちと遊んだこと

@学び手さんのクラス
宿題がなかったこと

おすすめトレンド

#夏
#分数
#学習
#クラスで頼りになること
#いじめをなくす
#『おばけ桃の冒険』
学び手さん
ワールドカップ

@学び手さんのクラス
ディズニーランドに行ったこと

@学び手さん
友だちのアニーとキャンプにいったこと

@学び手さん
学校に行かなくていいこと！

授業で扱っている重要なテーマや、最近クラスで人気のテーマを見つけるために「おすすめトレンド」の欄を使います。

用紙をラミネートしておきます。そうすることで、簡単に生徒がつぶやきやメッセージを更新することができます。

法を生徒に教えます。ツイッターを利用すれば、授業に協力する方法や、必要なときに家庭で追加のサポートを受ける方法も教えることができます。

年少の生徒のためにクラス用のアカウントをつくって、生徒の代わりにメッセージを投稿します。教室に最新機器がない場合は、紙につぶやきやメッセージを書いて教室の壁に掲示しておくことで「ツイッター」が見られるようになります。

前ページの**図7-1**は、ある教師の実践例です。これをオンライン上につくっておくと、生徒は学校から帰ってからも、いつでも情報源を使用して学びを広げることができます。

ハックが実際に行われている事例

ここでは、ツイッターを使って効果的な家庭学習を生み出したジェニファー・シェファー先生の取り組みを紹介します。教育学の修士号をもっている彼女は、三年間、生徒が運営する相談室をサポートしていました。ニューハンプシャー州バーリントンにある公立学校に勤務するＩＣＴのスペシャリスト[9]です。以下のように、生徒が学校外で学び続けるために、授業でのツイッターの活用方法を紹介してくれています。

シェファー先生のストーリー

バーリントン高校で、生徒が運営する相談室のファシリテーターとして働くなかで、私が目標としていたのは生徒がさまざまな分野の専門家とつながりをもち、デジタル社会に積極的に足を踏み入れ、仲間のお手本となれる人物へと成長できるように、ソーシャルメディアの使用をサポートすることでした。ツイッターをカリキュラムのなかに取り入れたことで、この目標を達成することができました。

生徒は、すでに積極的にツイッターを利用していました。しかし、彼らは、学習目的ではなくて、個人的な目的としてツイッターを利用していただけでした。デジタル機器を使って他者と協力する方法を教えるというカリキュラムの目標を達成するために、ツイッターを使ってやり取りする方法を生徒に紹介しました。

教育者がどうやってツイッターを利用しているのか、またどのようにして教育に関するハッシュタグを利用しているのかについて具体例を示したうえで、生徒にツイッターを使ったやり取りの仕方を教えました。より良い使用方法を理解したことで、彼らは個人的な使用から、学習のために友だちや保護者とのやり取りのツールとして使用するようになりました。

（９）　ＩＣＴを積極的に授業のなかに取り入れている担当者のことです。

専門家がツイッター上で質問と回答のやり取りをどのように続けているのかについても、具体例を示しました。その後、生徒に、ツイッターを使ってやり取りする際のテーマや、それぞれのハッシュタグも考えさせました。「#techteamMA」というハッシュタグは、その際に生徒が考えたものです。

二〇一三年の秋、生徒が中心となって運営しているICTチームと一緒に、マサチューセッツで開催された「グーグル・ハングアウトオンエア」（巻末資料参照）に参加しました。生徒はビデオ通話を使って各々のチームについて、一対一あるいはデジタル機器を使用した学習コミュニティーへの参加方法について紹介しました。

そこでは、実りのある話し合いが続きました。その話し合いが終わったとき、かつて歴史を担当して、いまはデジタル学習のコーチを務めているケリー・ギャラガー先生が、ツイッターで一か月間このやり取りを生徒に継続させてみてはどうかと提案をしてくれました。ビデオ通話に参加していたファシリテーター役の教師はみな、ツイッターを使った生徒主体のやり取りは素晴らしい形で続くだろうし、生徒のつながりはさらに強いものになるだろうと考えていました。数か月後、私はさらに前進させるために、ツイッターを使ったやり取りを計画しました。初めの課題はハッシュタグをつくることでした。そうすることで、生徒はやり取りが続けやすくなるからです。

二〇一五年、バーリントン高校のネイサン・リッピンという生徒が、前掲した「#techteamMA」というハッシュタグを考えました。そのハッシュタグがクラスで採用されることになりました。その後に取り組んだ課題は次のようなものでした。

ツイッター上でやり取りするテーマと質問を考えること、そのやり取りをリードする司会役の生徒二名を選ぶこと、グーグル・ドキュメントを使ってやり取りする質問と、次の質問に移るまでのやり取りをまとめること、参加者を増やすためにＳＮＳを使ってほかの人に参加を呼びかけること、といったことでした。作成したグーグル・ドキュメントは、参加予定のＩＣＴチームで共有しました。

次に私が教えたのは、自分のつぶやきの計画

著者のコメント

シェファー先生の事例にあるように、生徒の現状をしっかりと把握して、個人的なものから専門的な学びに関するものへと使い方を変えていくことが、教師としての私たちの目標です。

先にも述べましたが、生徒が歩み寄ってくることばかりを期待していても、生徒自身が思い通りに活動しないこともありますのでうまくいかないでしょう。そうではなく、私たちが生徒の現状をしっかりと把握して、かかわっていく必要があります。

を立てるためにツィートデック（巻末資料参照）を利用する方法や、みんなのつぶやきを見逃さずに確認したり、継続中のやり取りに参加したりするためのタイムラインの整理方法でした。やり取りするために考えた質問から六つに絞り、実際につぶやきながら、それぞれの質問に対する最善の答え方について話し合いました。

やり取りをはじめると、生徒はすぐに、一四〇文字で複雑な質問に回答することが難しいことに気づきました。このことは、生徒が書くスキルを磨くための素晴らしい機会になりました。自分の回答についてクリティカルに考え、本質をついたつぶやきを投稿する必要が生徒にあったからです。

この課題を終えると、授業のなかで実際にやり取りした質問と、次の質問に移るまでのやり取りを参考にして、ツィートデックを使ってつぶやくための計画を立てました。しかし、実際のやり取りは教室外で行われたのです。ツィッターを使った実際のやり取りは、伝統的な見方からすれば「宿題」と言えます。

実際のやり取りは夜の七時から八時の間に行われましたが、全員の生徒が参加していました。私はまったく驚きませんでした。次の日、登校してくると、彼らは昨夜のやり取りや、自分が州を越えてさまざまな人とつながったことに胸を躍らせていました。

この課題はとても意味のあるもので、生徒の生活と関連あるものでした。そして、生徒に学びの責任、リーダーシップ、自信を与えるものともなりました。言うまでもなく、これまでの宿題ではこのようなことはありませんでした。

ツイッターでのやり取りが、一か月にも及ぶ生徒同士の協力関係を生み出したのです。全員の生徒が、一人の専門家として責任をもってツイッターを使用する方法についてしっかりと理解しました。私は、計画していた目標を達成することができ、生徒がデジタル市民のよいモデルに成長してくれたことをうれしく思いました。

この課題に取り組んだおかげで、生徒はすぐに、ツイッターを通してデジタル市民としての資質や能力をもっていることを理解しました。また、生徒のなかには、大学生や企業の専門家たちとのつながりをつくろうと、積極的に取り組みはじめた人もいました。ツイッターは、学

著者のコメント

現実社会での使用がそうであるように、複数のツールを使用することは、生徒のこれからの人生や大学生活と学校外での学びの目標を関連づけるための優れた方法となります。「シェファー先生のストーリー」のなかに登場する生徒は、ツイッターやグーグル・ハングアウト、グーグル・ドキュメントなど（巻末資料を参照）、さまざまなツールを使ってやり取りをすることの大切さを改めて示してくれています。

生徒が中心となって行われているやり取りは、生徒同士が協力するなかで、滑らかに、自然とより多くの学びが生まれることを示しています。

習目的や専門家としての目標を達成するために役立つものということが証明されたのです。これによって私は、ファシリテーターを務めた者としてやりがいを感じた次第です。

宿題として、ツイッターを使って一時間やり取りすることで、生徒のなかには人生が劇的に変化した人もいました。宿題に対するアプローチを変えたいと考えている先生には、私が取り組んだように、ツイッターを取り入れることをぜひ検討していただきたいです。宿題は、カリキュラムに掲げられている学習目標を達成するために、毎日生徒に課さなければならないものではありません。ここで紹介したように、一か月間にわたる課題は、退屈なワークシートをただ埋めること以上に意味があるのです。

しっかりと計画を立てて指導をしていけば、生徒は一四〇字からはじまる斬新な経験をします。教育者として、リスクを冒してさまざまな方法を試し、カリキュラムのなかにデジタル・コミュニケーション・ツールを取り入れてみたいと考えるのであれば、ブログ（巻末資料を参照）などのより広範囲に及ぶソーシャルメディアを使った学習環境をつくりだし、大きな効果を生み出すことができるのです。

生徒はすでに、ＩＣＴやソーシャルメディアを使ってやり取りをしたり、世界を探究したりしています。学校でも、これらをうまく利用する必要があります。ツイッターなどのソーシャルメディアを学びのなかに取り入れることで、生徒の興味関心を惹きつけ、学びを社会に開かれたものにしていくと同時に、デジタル空間において意味のある時間を過ごすという環境に誘うことができます。

生徒にとって価値ある関係を築くことと、学校内外で学ぶこととのバランスをうまくとることは、デジタル時代で生き抜いていくためのサポートをするうえにおいて大切なことです。ソーシャルメディアは、ＩＣＴの活用と直接顔をあわせるといった体験とをうまく関連づけることを助けてくれます。と同時に、人と付き合っていくうえで必要となるスキルや、リテラシーを身につけることも助けてくれます。

学校内外での学習計画にインターネット上でのやり取りやデジタル・ポートフォリオを組み込むことで、生徒や保護者に対して学びが深まっていく様子が見えるようにすることができると同時に、学びを深めていくために必要となるつ、な、が、りを生み出すこともできます。

ハック 8

生徒の発言を拡張する

—宿題の内容と方法を生徒が選択できるようにする—

私は学生に教えません。彼らが学ぶ環境を提供するために努力するだけです(*)。

(アルベルト・アインシュタイン)

(*)『アインシュタインの言葉　エッセンシャル版』弓場隆訳、ディスカヴァー21、2015年（070）。

問題――生徒は学習内容と方法に関する発言権をもっていない

一般的に、教育はトップダウンモデルで物事が進みます。そこでは、もっとも大切な生徒の考えが無視されているというのが実状です。管理職は教師の考えを聞き入れないまま、そして教師は生徒の考えを聞き入れないまま、さまざまなことを判断しています。そして私たちは、しばしば学習に関する決定権を生徒から奪い、するべきことを一方的に述べ、彼らに従順であることを強要しています。

しかし、本当に教育が生徒のためのものであると言うのであれば、教師は生徒が学びのオウナーシップ（自分のものであるという意識）をもてるようにする必要があります。従順であることを強要し続けても、学びが生まれるはずもなく、沈殿してしまうだけです。その結果、生徒がクリティカルに考えることがより難しくなります。(1)

次のような理由から、生徒の発言の機会をもっと増やしていく必要があります。

・生徒が学びのオウナーシップをもてなければ、彼らが自分のことについて考える力はどんどん貧弱なものになる。生徒は、「正攻法」で学ぶことに対して過剰なまでに注意を向けるようになり、学びに唯一の正しい道筋があると考えるようになってしまう。しかし、実際は生徒の経験や長所は多様であり、生徒が求めるものも多様である。したがって、教師は生徒をひと括りにすることはできない。一つのアプローチが、全員の生徒にとって効果的なものだと決めつけることはできない。(2)

・学びは、生徒と協力関係を築くことから生まれるものであり、何を決めるにしても、生徒のニーズをもっとも大切にする必要がある。たとえば、生徒が従順であることに対して不満を表現する（宿題をやらなかったり、誰かの宿題を写したり）という事態は、生徒を意思決定の過程に参加させていないことから生じている。

・生徒の発言を認めないとき、宿題の目的は曖昧になる。それでは、まったくもって意味がない。生徒のなかには、何も考えずに教師の指示に従うだけの人もいるが、教師の指示に従わない人もいる。このような状態に陥ると学びは生まれない。

---

(1)　その結果、日本では、二〇一七年～二〇一九年の国会が象徴する「忖度社会」を築いてしまいました。

(2)　「一人ひとりをいかす」教え方／学び方を実現させるうえで、『ようこそ、一人ひとりをいかす教室へ』が参考になります。

ハック――生徒の発言を拡張し、生徒が選択できるようにする

生徒が学校内外での優れた学びがどのようなものかについてひとたび理解すれば、彼らを意思決定の過程に参加させることができます。そのために、生徒が意味のある選択肢を考えられるようにサポートするのです。

そうすることで、彼らは責任をもって、自分がすることに熱中して取り組むようになります。何をするかを生徒自身が選択したのですから、それを完成させるのは内発的な動機づけによってもたらされるということです。

生徒は、学習内容や方法に関して自分の考えを言う権利をもっています。とくに宿題の場合は、それが当てはまります。(3) 宿題の内容と方法についての選択肢があれば、生徒は理にかなった選択をすることができます。

教師が考える選択肢よりも、生徒が考えた選択肢のほうがよい場合もあります。学校での学びをどんどん広げていってほしいのであれば、生徒自らが学びをつくりだすといった機会を提供する必要があります。

あなたが明日にでもできること

質の高い学びの特徴について話し合う

より多くの生徒を、質の高い学びの特徴に関する話し合いに参加させれば、生徒が学びをどのように捉えているのか、また目標を達成するために何が必要だと考えているのかについて教師は把握することができます。また、生徒の宿題に対する考えを聞くことで、より効果的な課題を考えることもできます。

教師が具体例を示して、クラスでジグソー（**訳者コラム**参照）を使ってさまざまな課題の特徴を見極め、生徒が検討したモデルから、質の高い課題についてのチェックリストを作成します。この方法を使えば、生徒の考えを反映したチェックリストがつくれます。

---

(3)　もちろん、選択さえ提供すれば適切な選択がなされるわけではありません。選択するためのスキルを教えることと練習が不可欠です。しかし、選択肢を自分でつくりだすことも含めて、このスキルほど重要なものはないのではないでしょうか？　選択を大事にした教え方・学び方に興味のある方は、『選んで学ぶ――学ぶ内容・方法が選べる授業（仮題）』を参考にしてください。

生徒に学習計画の立て方を教える

宿題として一つの課題だけに取り組ませる代わりに、すでにもっている知識を応用しながら学習目標を達成していることを証明するために、「自分ならどんな学びの冒険をするか?」という選択肢を提供するのです。

まずは、生徒が率先して自分の考えを出すことが大切です。そうすれば、生徒が考えたことに、教師がすぐにフィードバックできます。

多くの場合、生徒はよい考えを生み出すことができます。生徒がよい考えを生み出したときは、クラスで共有します。つまり、否定するよりも賛同してあげることで、生徒は満足感を味わうことができるということです。

訳者コラム

ジグゾー

「ジグソー学習」とも呼ばれています。探究するテーマや概念について取り組む課題を「ホームベース・グループ」で検討して、課題をグループの人数分に分け、課題ごとに「エキスパート・グループ（研究グループ）」をつくって研究します。その後、再び「ホームベース・グループ」に戻って、「エキスパート・グループ」で学んだことや発見したことをほかのメンバーと共有しあいます。

一人ひとりのレディネスや興味関心に対応することができる学習法です。詳しくは、『ジグソー法ってなに？——みんなが協同する授業』を参照してください。

さまざまな提案を受け入れる

一番簡単にできるのは、宿題の提出の仕方を選択させるという方法です。ワークシートを渡したり、グーグル・ドキュメントでまとめるように指示したりする代わりに、好きな「方法」を生徒に選択させるのです。もし、ある方法が生徒にとって出しやすいというなら、その方法で提出してもらえばいいのです。

教師は、生徒の考えを否定することが多すぎます。それは、単なる習慣でしかありません。見方を制限して、教師が生徒に従順であってほしいと考えていると、本当に従順な態度以外を生徒は示さないようになってしまいます。そうした教師の態度が、生徒のやる気を削ぎ、学びの機会を逃し続けるという状況を生み出しています。生徒が提案してきたときは、いつでも受け入れられるだけの準備をしておきましょう。

完全実施に向けての青写真

ステップ１　計画の立て方をしっかり教える

生徒がうまく計画を立てられるようになるためには、意味のある家庭学習をつくりだす方法を理解しなければなりません。教室で時間をかけて、「逆さまデザイン」（**訳者コラム**参照）のやり方を教えます。そうすることで、期待する成果をしっかりと見極めることができます。

教師が計画の立て方についてしっかりと考えておき、生徒が教室で練習できるようにします。小グループに分かれて、生徒に課題を分析してもらいます。気づいたことを書き出し、「要点」をはっきりさせます。これができれば、同じ学習成果を達成できる別の課題を考えることもできます。

また、一つの課題に繰り返し取り組んだり、生徒が考えた課題のなかから実際に取り組む課題を選択するときの基準をクラス全体で決めたりもします。

このような練習をすることで、徐々に教室文化が育まれていきます。また生徒は、家庭学習や他教科の学習において、自分の考えを広げる方法をつくり

訳者コラム

逆さまデザイン

ウィキンズとマクタイが考案したカリキュラム（および授業）の設計の仕方です。①到達したい目標を明確にする、②設定した目標がどれくらい達成できたかを測るための評価の基準や方法を考える、③目標と評価を満たすための展開を考えるという流れで、カリキュラム設計を行います。

これに対して、日本では③と②が逆転してしまっていることが多いです。これでは、生徒の学びが促進されるどころか、停滞してしまいます。詳しくは、『シンプルな方法で学校は変わる』の165～171ページを参照してください。

だすことに参加したいと思うようにもなります。

ステップ２　家庭学習についての提案にフィードバックする

生徒が授業外での学習についての提案したときは、その提案に対して教師やクラスメイトが具体的にフィードバックすることが大切です。もちろん生徒は、自分が正しい方向に進んでいるかどうかについて知っておく必要があります。正しい方向に進んでいないときは、できるかぎり早い段階で修正する必要があります。

教師は、多様な方法でフィードバックすることができます。たとえば、グループのリーダーが責任をもってフィードバックできる方法を考えたり、授業以外で時間を費やさなくてもすむようにグループと話し合ったり、生徒にグーグル・ドキュメントを使って提出してもらい、直接フィードバックしたりします。

『教室でのピア・フィードバック（Peer Feedback in the Classroom）』（未邦訳）という本には、生徒をフィードバックの担い手として参加させる方法が詳しく書かれています。著者の一人であるサックシュタインが、こうしたフィードバック・システムについて詳しく助言してくれています。(4)

ステップ3　保護者に参加してもらう

学びは、必ずしも学校だけで生まれるものではありません。保護者が、教室外での生徒の学びを促進するサポート役をしてくれる場合もあります。保護者とのコミュニケーションが密であれば、家庭学習で教室での学習を補うことができます。たとえば、家族の食事をつくったり、新しい本棚を一緒につくったりするときに、そのようなことが起こるかもしれません。

したがって、保護者といつでも連絡が取れるようにしておいてください。家庭との連携については「ハック9」で詳しく述べることにします。家庭とうまく連携ができれば、最終的にはクラスに素晴らしいことがもたらされます。

ステップ4　生徒の提案を否定するのではなく賛同する。期待どおりでない生徒の提案から、最高の授業が生まれることもある

あなたが期待したり、計画したりしていたのとは違う考えを生徒が提案したとき、多くの場合、その考えを否定してしまいがちです。残念なことに、これがお決まりの反応だという場合が多いかもしれません。だからこそ、少し立ち止まって、生徒の提案を受け入れることが大切となります。

まずは、生徒の提案をしっかりと聞くようにしてください。そして、学習目標に合致している

ことや、新しい宿題に対する生徒の考えについて質問します。誘導尋問にならないように、はっきりさせたり、追加の質問をしたりします。たとえ生徒の計画がうまくいきそうになくても、そのまま自分で立てた計画に従って進めるように促すことも大切です。(5) 当初の失敗が、素晴らしい学習機会を提供してくれることがあるからです。

ステップ５　学習過程のなかで生徒の選択や、その後の展開について振り返る

振り返りは学習過程において鍵となるものです。振り返りでは、無理に書いて記録をしたり、宿題として提出させたりする必要はありません。しかし、メタ認知を鍛える活動として意識的に取り組むようにしてください。

生徒に、自分にあった方法かつ、あとから見直せる方法で振り返りをさせます。生徒のなかには、ブログで公開するのがいいと言う人もいます。また、個人的にジャーナルに書くのがいいと言う人もいます。さらには、発表するのがいいと言う人や、Vox（巻末資料参照）を使うのがいい

（4）残念ながら、スター・サックシュタインのこの本は邦訳されていません。「ピア・フィードバック」については、本書の「ハック10」と「PLC便り、大切な友だち」で検索して見られる方法が参考になります。後者では、小学校中学年以上のすべての対象に効果があることがすでに証明されています！

（5）ここでのやり取りにも、右に書いた「大切な友だち」のステップがとても効果的と言えます。

いと言う人もいます。それとは別に、ビデオブログがいいと言う人や、友だちと学習ついて話すのがいいと言う人もいることでしょう。

最終的には、自分の考えた方法で振り返りを記録する習慣を生徒に身につけてもらいたいのですが、自分で記録するのが望ましいので、決して強要しないようにします。強要してしまうと、本当に成長する機会が失われてしまいます。教師が好きな方法で振り返りをさせないようにしてください。教師がある方法をすすめることはできますが、生徒が必要性を感じなければ、その方法が使われなくてもよしとしてください。

ステップ6　考えを共有する

よい考えはみんなで共有するようにします。その考えから生まれた学びも共有してください。生徒が共有できそうな考えをもっているときは、授業で共有する時間を確保するようにしてください。

共有する方法の一つとして、複数の考えを同時に扱うことができるギャラリー・ウォーク(6)があります。これをすることで、クラスのあちこちで話し合いが起こり、それぞれの考えについて短時間でプレゼンをしたり、自分の学びを紹介するためにマルチメディアを駆使した発表を行ったりすることになります。そして、もし優れた事例を紹介する場合は、その考えが重要であることが分かるようにしておきます。

このようにして、学校でたくさんの考えを共有する機会を設定します。しかし、生徒同士のフィードバックのなかには、勇気づけるものもあれば、傷つけるものもあるので、フィードバックばかりに生徒が注目しないようにしてください。

ステップ7　生徒が考えた選択肢を喜んで受け入れ、新しい考えを採用する。常に生徒を褒めることを忘れない

生徒が考えたものが繰り返し使えるなら、何度でも活用してください。生徒の宿題についての考えが何年にもわたってカリキュラムの一部になるとしたら、生徒にとってはとても素晴らしいこととなります。

事前にクラスで共有してもいいかどうか確認をしておき、その考えをそれ以降も採用する場合は、誰の考えなのかが分かるようにしてください。たとえば、ドン・ウェトリック先生が「ハックが実際に行われている事例」（一九二ページから）で紹介しているように、一人の生徒が地域

(6)　成果物を展示して教室内にギャラリーのような空間をつくり、自由に歩いて回りながら、各成果物を見たり（チームでするときは、議論したり、評価したり）しながら互いのアイディアを確認したり、フィードバックしたり（追加のアイディアを提供したり）する方法です。

の問題を解決する研究プロジェクトを考えついた場合は、その生徒と協力して、その探究過程を記録しておきます。そうすれば、ほかの生徒がその過程を参考にして、自分のプロジェクトについて考えることができます。

友だちがうまく学んでいる様子を一度でも目にすれば、生徒それぞれが個人的に抱えている問題に応用することが可能となります(7)。

別の例として、生徒が熱中して取り組んでいるものを使ってプロジェクトを組み立てるという方法があります。

興味関心が惹きつけられたとき、生徒はそのテーマについて自力で探究していくものです。インターネットや本を使って調べるように指示するよりも、現実世界と関連づけて学べるように、その分野の専門家を探して、話してみるように伝えます。

生徒が探究しはじめ、マルチメディアを駆使したプロジェクトへと展開していけば、学校全体に向けてその情報を公表します。そうすることで、より多くの生徒や地域の人が質の高い学習を、実際に自分の目で確認することができます。生徒に一生懸命取り組んだことを紹介してもらったり、その取り組みについて説明してもらったりすることで、同じことをやっているほかの生徒が刺激を受けられるようにするのです。

課題を乗り越える

伝統を重視する人は、教師が出す宿題と同じような、効果的で熱中できる宿題を考え出す力を生徒はもっていない、と主張します。学習計画を立てたり、学習成果を評価したりするのは教師の仕事だ、というわけです。しかし、学びを深めたり広げたりする方法を生徒に考えてもらうと、素晴らしい提案をする場合が多いものです。それまで生徒が参加することを否定していた人たちも、驚くことになります。

生徒が熱中して取り組む学習を考え出すのは無理である

たしかに、興味関心のあるものを探求したり、表現したりする方法を知らない生徒もいます。もちろん、生徒のなかには「安易な解決策」を選択しようとする人もいます。しかし、生徒はもともと好奇心にあふれているものです。生徒が好きなものを把握し、生徒との間によい関係が築

(7)「権威ある大人やすごそうな遠くの人の言動よりも、近くの友だちのうまく学んでいる姿のほうが生徒にとってはインパクトがありますね」というコメントが翻訳協力者からありました。生徒同士が刺激しあって学んでいく学習環境をつくることが、とても大切だということです。アインシュタインの言葉を思い出してください。

けていれば、生徒に話し合いに参加してもらい、意味のある学習を考えてもらうことは決して難しいことではありません。

　生徒のなかには、サポートが必要だという人もいます。だからといって、生徒が挑戦しがいのある学習を考えられないと決めつけることはできません。生徒のことをよく理解し、成功するように最大限のサポートができる計画を立てます。より困難を抱えている生徒であっても、書いている途中で浮かんできた考えを記録するためにジャーナルを付けるなど、アカウンタビリティー（結果責任）を果たすためにさまざまな方法があるので心配無用です。

　生徒がアカウンタビリティー(8)を果たす方法を選択する場合のサポートができれば、教師がチェックする必要があるからといって、生徒の選択する機会を減らす必要はありません。生徒が責任を担えることを証明してくれれば、あとは補助輪を外せばいいだけなのです。

教師は、生徒に学び方を教えることで給料をもらっている

　教師の役割は、生徒が学習計画を立て、個別学習の効果について振り返ることをサポートすることだと言いたいです。教室で起こりうるすべてのことをつくりだすのが教師の仕事である、と考える保護者、生徒、同僚の教師はいつの時代にも存在するものです。しかしながら、私たちが生徒により多くの学びの主体性を発揮できる環境を与えることができれば、生徒は自分の学びに

より熱中して取り組むようになるのです。

アインシュタインやほかの人も言っていますが、教師の仕事は、「学びをコントロールすることではなく、最善の学びが生まれる環境をつくりだすこと」なのです。

学習内容と方法について、生徒の選択と発言を認めることで、生徒一人ひとりのニーズをしっかりと見極め、違いをうまく活かし、結果としてみんなにとってより良い学習環境をつくりだすことができます[9]。

生徒は、指示に従うことを学ぶ必要がある。常に選択できるわけではない

こうした意見は大歓迎です。よくある意見ですし、きちんと話し合っておくべき大切なポイントです。たしかに、私たち大人でも決定に従うことが重要な場合もあります。しかし、より良い体験にするための改善策をいつ提案すべきなのかについて分かっていることは、私たち教師にとっては必要な資質となります。教師として、生徒がイノベーター（革新者）であり、自力で考えられるように成長することを望んでいます。決して、何も考えずに指示に従うようなことを望ん

（８）専門用語では「形成的評価」と言います。具体的かつ多様な方法が『一人ひとりをいかす評価』の第４章に詳しく紹介されていますのでご覧ください。そのなかには、フィードバックを提供することも含まれています。

（９）これを実現するための具体的な方法については、『ようこそ、一人ひとりをいかす教室へ』が参考になります。

でいるわけではありません。[10] そうであるならば、実際に生徒をエンパワーする（自分の成長を最大化するために元気づける）こと以上に、優れた教え方はありません。

ハックが実際に行われている事例

ドン・ウェトリック先生[11]は、インディアナ州のインディアナポリスから少し離れた所にあるノーブルズビル高校のイノベーション・コーディネーターをしています。『本物の才能（Pure Genius）』（未邦訳）の著者でもあるウェトリック先生は、これまでに中学校と高校の教員、そしてイノベーション教育のコンサルタント、さらには講演者として仕事をしてきました。

もっとも大切なことは、ウェトリック先生が、多くの教師や生徒、そして起業家と協力し、授業でイノベーションや協働する力[12]を教えているという点です。ここでは、より良い地域にしようと生徒自らが選択した問題解決型の研究活動について紹介をしてくれます。

ウェトリック先生のストーリー

私は、ノーブルズビル高校で「イノベーション」という授業を担当しています。その授業では、基本的に宿題は課していません。授業の進め方として、基本的に「二〇パーセント・ルール」[13]を取り入れています。しかし、授業時間の二〇パーセントをプロジェクトのために利用するのではなく、**「イノベーション」の授業が生徒にとっては二〇パーセントの時間となります**[14]。

以前から、生徒が興味関心をもったものに取り組むために授業時間を割くべきだと感じていました。ですから、すべての基礎科目の授業をサポートする一方で、一部の授業を生徒が主体的に学べる時間にしたのです。その時間に、生徒は自分が学びたいことのサポートを受けます。実際

(10) これを実現するためには、まずは学校の管理職や教師がイノベーターになる必要があります。それについた書いた本が『教育イノベーターのマインドセット（仮題）』ですので、参考にしてください。

(11) これまでの授業のやり方は生徒の自発的に学ぶ意欲をつぶしていると考え、生徒が課題を選択することを大切にする授業へと転換した人物です。彼の授業については、『スタンフォード大学　夢をかなえる集中講義』で紹介されています。

(12) これらは、二一世紀型スキルの一部とされているものです。二一世紀型スキルについては、一五一ページの訳注を参照してください。

(13) このルールは、グーグルなどが採用していることでも有名ですが、勤務時間のうち一定時間は、通常の職務を離れて自分の取り組みたいプロジェクトに時間を費やすことができるというものです。

(14) ウェトリック先生は、これを実践するために、授業時間のすべてを生徒自身が選択した課題に取り組ませるように転換しました。この言葉は、「イノベーション」の授業のすべての時間が、生徒自らが課題を見つけ、主体的に熱中して取り組む時間となるようにすべきだ、ということを意味しています。

に行ったことなのですが、もっとも大切なことは、その時間のなかで生徒が重点的かつ自発的に学べるという点です。これが、「才能を磨く時間（Genius Hour）」[15]の核心部分です。

「才能を磨く時間」とは、好奇心を探究するのに必要なサポートを生徒が受けたり、さまざまなリソースを使ったりしながら、自分が熱中できるものについてとことん調べていくための時間と空間ということです。

二年前に私のイノベーションの授業を受講していたジェス・エリオットの話をしましょう。ある日、彼女はある課題に取り組みはじめました。初めのうちは「宿題」として取り組んでいましたが、のちに二年間のプロジェクトへと発展させました。彼女は、光害について調べていくうちに、大事な論点があまり注目されていないことに気づいたのです。

調査を進めていくと、私たちが普段見ている夜空で

著者のコメント

私たちは、生徒が重要だと思った問題やテーマについて探究できるようにしたいと思っています[16]。そうした探究活動が本当の学びであり、問題解決学習なのです。

探究活動にはさまざまなレベルのものがあります。壮大なことを探究することもあれば、家で代わりになるものを探すという単純なものもあります。日常の問題を解決できるように教えることは、素晴らしいことです！

は、鳥がビルの灯りの影響でぶつかったり、人間が不眠症に陥ったりするなど、さまざまな問題が起こっていることが明らかになりました。最大の原因は、大都市部の街灯、ネオン、保安灯でした。さて、この問題に対して、どのような対策を講じることができたのでしょうか？

調査を進めていくなかでジェスは、多くの場合、街灯を消すことで光害が改善されることを発見しました。街では、いろいろな方向に光が漏れやすい「ドングリ型」の街灯が設置されていましたが、それらの街灯を「コブラヘッド型」のものに換えれば、少ないエネルギーを効率的に利用でき、過剰な光を抑えて地面に照射できるようになります。

ここまで調べたところで「宿題の課題」は完成しました。エッセイを書いたり、ポスターを作成したり、調査結果を発表したり、ＱＲコードをつくったりして、宿題を完成させたことにしてもよかったはずですが、ジェスは「もっと広い視野で考え、自分にできることを地道にやっていこう」と考えたのです。

彼女は、地元の政治家に連絡をしました。のちにその政治家は、ジェスに議案作成を手伝ってほしいと申し出てきました。その過程は数か月に及びましたが、素晴らしい学びになりました。

(15)　生徒が熱中して取り組むことができる課題・テーマ・プロジェクトを自分で選択して探究する授業のことです。
(16)　問題を中心に据えた探究学習に興味のある方は、『ＰＢＬ　学びの可能性をひらく授業づくり』を参考にしてください。

議案作成は順調に進んだ、と言いたいところですが、委員会に提出したあと、つまらない内容に修正されてしまったとジェスは感じていました。山あり谷ありの七か月が経過したところで、ジェスはこのプロジェクトを諦めて、別の方向に進むことにしました。

ジェスは「国際ダークスカイ協会（ＩＤＡ）[17]」などの活動に参加して、団体のメンバーと連絡を取り合いながら、光害問題についてさらに深く考えていきました。その間、彼女は、ブログを書いたり、ネットワークを広げたりして、粘り強くこの取り組みを続けたのです。

次にジェスが考えたのは、土地開発業者と協力して取り組むということでした。建設業者に効率的にエネルギー利用ができる街灯を採用してもらうことで、環境面だけでなく、最終的には会社の利益面においても効果があるだろうと考えました。さらに彼女は、近隣の住民に、低いワット数で光害が軽減できる「エネルギースター認

著者のコメント

このようなプロジェクトは非常に稀な例かもしれませんが、こうしたやり方がもっと普及してもいいはずです。

生徒と一緒に小さなことからはじめてみてください。協力してくれる団体を見つける方法を生徒に教えてあげてください。やり取りができる人を生徒に紹介して、積極的に保護者にも参加してもらってください。

証」(18)を受けたLEDライトを使用するように呼びかけました。

土地開発業者との活動がないときには、さまざまな大学に支援依頼のコンタクトをとりました。大学の授業でプレゼンをしたこともあります。それが理由で、別の考えをもつことができたり、協力してもらえたりしました。

また、地域の小学校と協力して取り組むといったこともしました。そこで、子ども向けの光害についての本を選び、読み聞かせをしています。それを聞いた生徒は、それぞれ自分ができることに取り組んでくれました。

これらすべての「宿題」は、生徒が自ら取り組んで行ったことです。ジェスは、自分が計画して、私の同意を得たスケジュールや締め切りをもとに活動し、必要に応じて近況を報告してくれました。

ジェスは、この光害プロジェクトに**二年もの歳月**を費やしました。そのプロジェクトは「宿題」

---

(17)　二〇〇一年から「星空保護区認定制度」を実施している団体です。光害の影響が少なく、暗く美しい夜空を保護・保存するために活動しています。

(18)　アメリカ環境保護庁が定めた、省エネ基準を満たした製品に対する認証システムです。省エネ基準を満たした製品には「国際エネルギースターロゴ」の使用が認められています。日本でも一九九五年から実施されており、現在では世界各国・地域にこの取り組みが広がっています。

からはじまったものであり、その課題は、彼女が熱中して取り組めるものでした。熱中して取り組める対象を見つけて、生徒が実際に**取り組む**ことに時間を割くことができれば、奇跡は起きるのです。

これ以上に、教育にとって大切なことがあるでしょうか？ 心から好奇心をもてたものについて学ぶことが、もっとも大切なことではないでしょうか？ 「押えなければならない」ことを学ぶということがすべてだと思っていましたが、本当に興味関心を惹きつけられたもののほうが、より熱中して学ぶことができるのです。

二年にも及んだジェスの学びは、典型的なものとは言えないかもしれません。多くの教師が生徒と協力する機会を失っていますので、ウェトリック先生のストーリーは、生徒が選択することのパワー、そして「才能を磨く時間」のパワーを示す格好の事例となります。生徒が必要なサポートを受けながら、意味のある方法で興味関心をもったことについて探究する機会が提供されれば、学習への動機づけが高まり、生徒は熱中して学び続けるのです。

学習は、ある学年向けにあらかじめ用意されているわけではありませんし、方針に従っていれば生まれるというものでもありません。一人ひとりの興味関心が突き動かされて生まれるものなのです。それこそが学びの本当の姿です。そうした学びであれば、生徒は生涯にわたって学び続けていくことになるでしょう。

　学校外での学びに成績を付けて従順であることを強要するのはやめましょう。生徒が熱中して取り組めるようにしたいのであれば、自由な時間に、取り組みたいことに探究できるようにすることです。これができれば、生徒は熱中して学び、必要なライフスキルやクリティカルに考える力を身につけていきます。

　そうなれば、よりまともな大人に成長していくことが可能となります。やらなければならないことを指示するだけでは学びは生まれません。教師には、生徒が本当に取り組みたいことを見つけ、意味のある方法で追求できるようにサポートする役目があるのです。

ハック9

家庭と協力する

―保護者に教え方のモデルを示す―

同じことを繰り返しておきながら、
異なる結果を期待するとは、
きっと頭がどうかしているのでしょう(*)。

（アルベルト・アインシュタイン）

（*）『アインシュタインの言葉　エッセンシャル版』弓場隆訳、ディスカヴァー21、2015年（016）。

問題——保護者に、生徒における教育の協力者として活躍してもらえていない

保護者の学校での経験といえば、自分が生徒だったときのものしかありません。それにもかかわらず、生徒の学びに関しては専門家だと思い込んでいる保護者が多いものです。残念なことに、保護者の見方は何十年前のものですし、デジタル機器を活用する必要がなかった時代のものです。インターネット時代より前のことであり、調べものをするとき、図書館でカード目録を利用していた時代なのです。

教師がきちんと説明し、しっかりと話し合う機会をもたなければ、保護者は二一世紀を生きる生徒のニーズを満たすために、現代の教師が採用しているアプローチを理解することはできません。多くの保護者は、教室といえば、生徒用の机と椅子が整然と並べられていて、教師が前に立って、生徒に質問するよりも答えを教えることのほうが多いという空間を思い浮かべます。

保護者は、こうした見方を家庭での学習にまでもち込み、概念を理解することを大切にせず、答えを教えて生徒を甘やかし、彼らの自立心を奪っているのです。[1]

保護者が新しいアプローチを採用する理由について理解できなければ、サポート不足の状況が生まれるだけです。「新しい算数の学び方が分からない」といった保護者の発言を聞いたら、生

徒は教師と保護者が対立していると考えてしまいます。そのような状況では、教室内外で学びをサポートするために保護者と協力しなければならないにもかかわらず、教師は自分の立場を頑なに守ろうとして、一人で宿題地獄のなかで闘うしかありません。

また、教師との効果的なやり取りがないと、保護者は生徒をサポートするために答えを全部知っておかなければならないと思い込んでしまうことになります。実際には、「正解」を知っていることよりも、効果的な質問をすることのほうが生徒の学びをサポートすることができるのです。(2)よって、次のような理由から、保護者の学びに対する見方や宿題の目的および必要性についての伝統的な見方を変えなければなりません。

・保護者は、誰もが学校に通った経験がある。その経験は、肯定的なものか否定的なものか

---

(1)　残念ながら、日本では教師の多くも保護者と同じように、授業や部活も含めた学校運営に関して、二〇世紀の住人であり続けているとしか言いようのない実態にあります。「自立した学び手」を育成するための教育実践をしている例は極めて稀です。教科書をカバーする（＝教材研究／指導案をベースにした）授業では、それは無理と言い切れます。対象によって、学び方や興味関心や学びの準備度合いが大きく違うので、教材重視のアプローチは機能しないと言えます。概念を理解するための教え方を含めて、参考になるのは『ようこそ、一人ひとりをいかす教室へ』です。

(2)　このことを明らかにしているだけでなく、そのやり方を紹介している本が『たった一つを変えるだけ』なのでぜひ参照してください。

に関係なく、家庭で子どもと学校での出来事について話し合うときに影響する。

- 保護者は誰しも、わが子に成功してほしいと願っている。しかし、成功の規準となっているのはいくつ正解したかということであって、さまざまな概念やスキルについての深い理解が重要だとは思っていない。
- 時代とともに生徒のニーズも変化する。指導アプローチも時代のニーズに応じて変化する。しかし、保護者は蚊帳の外に置かれていて、こうした転換がどんなものか、なぜ新しい指導アプローチが教室内外での学びをサポートするうえにおいて効果的なのかも知らされていない。
- 教育はいつの時代も学校が行うものだと思い込んでいる保護者がいる。学びが活性化されるには、教師の指示が必要だと考えている。こうした考え方が、教師に宿題を出すよう要求することにつながっている。

ハック——家庭と協力する

保護者は、入手できる情報を使って最善を尽くそうとします。したがって私たちは、保護者に教育へのアプローチを変える根本的な理由を説明する必要があります。そうすることで、保護者は新しい視点から学びについて考え、自分の学校時代の体験がどのように修正されるべきかに気づき、新たに求められている行動と目的を関連づけられるようになります。

生徒が選択することのパワーを紹介したり、質問することが自立した学び手になるためにどれほど大切であるのかについて説明したり、紙と鉛筆だけでなくさまざまなツールを使って、二四時間いつでもどこでも学ぶことができるということを強調したりすることで、一般的に保護者が考えている学校で行われるべきことと、実際に学校で行われていることとのギャップを埋めることができます(3)。

学校内外でのより広範な学習目的と、実社会で活用できるさまざまなスキルがあることが理解できれば、生徒は傍観者ではなく協力者になってくれます(4)。二一世紀の教育における大転換を保護者が理解できるようにするため、そうした革新的な方法のモデルを示してください(5)。

---

(3)　残念ながら、日本の学校では、これら二つがギャップのまま存在し続けているように思います。

(4)　日本の教育は、広範な学習目標も実社会で活用できるスキルがあることも提示できていません。したがって、生徒を協力者にする道は極めて遠いと言わざるを得ないでしょう。

(5)　これは、とても大切だと思います。教師が実践できていないことを保護者に期待することなどできません。したがって、この部分には教師に対する大きな期待が示されています。

保護者に学びに対する見方を転換してもらうことは、家庭と協力関係を築いていくうえで大切です。それができれば、生徒はどこにいても学習経験を広げていくことができます。教師から出された課題でなくとも、保護者がうまく子どもの学びをサポートできるようにしてください。

あなたが明日にでもできること

理由を説明する

あなたが教員研修や職員会議に出席したとき、何か新しいことや違ったことが紹介され、その価値に疑いをもつのと同じように、保護者も不安を感じるものです。宿題を出さないと判断した理由をしっかりと説明せず、保護者の質問に対してもしっかり答えないと、「うちの子の先生が宿題を出さない理由が分からないわ！」と、フェイスブックやツイッターでわめき散らす保護者を誕生させてしまうことになります。

それに対して、保護者に理由をきちんと説明すれば、「うちの子の先生は宿題を出さないと言っていたわ。娘たちに自由読書や家族でゲームをしたり、興味をもったことを追求したりしてほしいからだって。宿題以外の学ぶことに価値を認めてくれる先生で、うれしいわ」と、クラスの状況についてコメントしてくれる保護者にお目にかかることができます。

生徒にとって難しい概念を見いだす

生徒が授業で難しいと言ったり、混乱したりしそうな箇所を、ユニットの計画から明らかにします。簡単な記録を取って、そのユニットでの学習の様子について保護者とやり取りをします。そうすることで保護者は、生徒が最初は少し混乱していたとしても、最終的には理解できるようになると理解します。

保護者とのやり取りを活かして、次の学習目標を決める

保護者に情報を提供する場合、あなたが教室で学習を進める場合とは逆の流れで伝えるようにします。教室ですでにやり終えたことを知っても保護者には意味がありません。次にすることが分かれば、保護者はもっと協力してくれるものです。

「先週○○をしました」からはじめるのではなく、「次週の予定は○○です」からはじめて、カリキュラムについての説明の仕方を変えるとよいでしょう。そのあとに、学習内容に関するサポートの仕方について伝えるようにします。そうすることで、保護者が学習過程にかかわることができます。(6)

説明の練習をする

保護者会のとき、一時間もじっと座ったまま教師の話を聞きたいという保護者はそうそういないでしょう。保護者に説明するときは、必ず教室で使っている方法のモデルを示すようにしてください。(7)

たとえば、ミニ・レッスン、熱中した取り組み、一つの活動から次の活動へのスムースな移行の仕方などのモデルを示します。説明されたことと体験したことが矛盾しないということが重要です。「責任のある話し合い」や学習する際の「選択の大切さ」を体験していれば、保護者は家庭でのサポートの仕方が理解でき、家でそれを真似すればいいだけとなります。(8)

保護者のニーズを尋ねる

保護者の期待やニーズを勝手に予想せずに、アンケート調査をして保護者からフィードバックを求めてください。そこで得られた情報は、当然、積極的に活用することになります。以下の質問はアンケート項目の一例です。

・学校がお子さんの学習をうまくサポートしていると思われるのは、どんな点でしょうか？
・お子さんの教育のパートナーとして、これまでどのような形でかかわられたことがありますか？

・宿題を簡単に説明すると、どのようなものでしょうか？
・宿題がなかったり、二〇分もかからない宿題だったりしたら、残りの時間にどんなことをするのがよいと思っていますか？
・ほかの保護者にも紹介できる、家庭での学習サポートの具体的な事例を教えていただけませんか？

---

(6)　教師が「逆さまデザイン」を実践していることを意味します。「逆さまデザイン」については一八二ページを参照してください。

(7)　残念ながら日本では、保護者ばかりでなく、教員研修でも、この「じっと座ったまま話を聞かせる」アプローチがいまだに横行しています。それは、一斉授業で毎日子どもたちがやらされていることと同じです。授業や研修や会議などのやり方を転換したいのであれば、「作家の時間、オススメ図書紹介」で検索して見つかる本がもっとも参考になりますのでぜひご覧ください。本文の「ミニ・レッスン」以降が、そこで紹介されている本のなかで日々実践されている授業です！

(8)　「責任のある話し合い」は、生徒に互いのやり取りを豊かにするために、効果的な会話の仕方を教える枠組みを提供してくれています。詳しくは『「学びの責任」は誰にあるのか』の一八〜一九ページを参照してください。「選択の大切さ」は、選書と題材選び（書く題材）を子どもたちに委ねるリーディング・ワークショップとライティング・ワークショップの柱です。自立した読み手や書き手になるために、選書と題材選びが実際に占めている割合は八〇〜九〇パーセントですから、それらを無視した読書・読解教育や作文教育はやらないのと同じなわけです。

完全実施に向けての青写真

ステップ1　保護者の学校時代から、どれだけ変化したのかを明らかにする

あなたが教える際に使っている[9]「責任ある話し合い」の枠組みを使った話し合い、小グループでの学習、到達目標ベースの学習については、ほとんどの保護者が体験したことがないと思って間違いないでしょう。保護者に理解してもらうために、保護者会において、教室で生徒に教えているのと同じように体験してもらいながら紹介します。実施する前に、以下の質問について考えてください。

・学習目標や到達目標[10]がはっきりしているか？
・責任の移行モデルを使っているか？
・教師が伝えたいことを深く理解するために、保護者同士が意見交換をする機会があるか？

このように教え方の転換が分かるようにしたうえで、保護者に新しい教え方の効果を**体験してもらう機会**を設けます。その際の目標は、保護者に新しい教え方に慣れてもらい、安心してもらうことです。そうすることで、生徒が宿題をサポートしてほしいときに、さらに大切なこととし

て、日常の家庭における活動のなかで教えられるときに、保護者に活用してもらうことが可能となります。(11)

ステップ2　カリキュラム説明会、オープン・キャンパス、保護者会の進め方を変える(12)

新しい学習方法をモデルで示すことは、教師が教室の前に立って、講義形式で説明するよりもはるかに効果的です。保護者に実際に体験してもらうことで、教室で学習がどのように進められているか、また家庭で子どもをどのようにサポートしたらいいのかについてしっかりと理解してもらうことができます。

---

(9)「到達目標ベースの学習」を実現する一つの効果的な方法がワークショップ形式の学習です。教科書ベースの授業では、生徒が身につくレベルを達成することは不可能に近いです。その最大の理由は、教師も生徒も教科書の内容をカバーするのに追いまくられているからです。

(10)教師による短い指導、教師のサポートがあるなかでの練習、生徒同士の学び合い（協働学習）、そして個別学習という流れで学びの責任が徐々に移行します。『「学び」の責任はだれにあるのか？』を参照してください。

(11)ここで説明されていることを、分かりやすく紹介してくれている本に『ペアレント・プロジェクト』がありますので、参考にしてください。そして、ＰＴＡのあり方自体を大きく変えてください。

(12)欧米の学校では、年度の早い段階で、学校側（主に担任や教科担当者）が保護者に対して今年度の授業について説明するというイベントを行っています。多くの保護者が参加できるように、夜に開催されることが多いです。

さらに、カリキュラム説明会やほかの保護者対象のイベントで、さまざまな教え方のモデルを示すと同時に、「考え聞かせ」[13]を行います。そうすることで保護者は、教師がしていることを、その理由も含めて理解することができます。

ジグソー[14]を使って、あなたのクラスにおける学習の仕方を保護者に考えてもらうという方法もあります。あるいは、家庭で国語や算数・数学の学習のサポート方法について個別に模造紙を使ってブレインストーミングしてもらい、その後、それぞれが書き出したことを部屋の中に貼り出し、ギャラリー・ウォーク[15]を使ってアイディアを共有しあうというのはどうでしょうか？

こうしたモデルを示すという方法は、これまでとは異なる新しい評価に取り入れることもできます。それは、伝統的な宿題に対する考え方とは異なるものへの糸口を示してくれます。たとえば、教師が保護者会で設定した目標をもとにして、保護者に達成できたことを自己評価してもらうのです。自分の学校時代とは違った環境でうまく学ぶことができるという体験をしておれば、保護者は、宿題に関する考え方も含めてさまざまな場面で教師に協力してくれることでしょう。

ステップ3　保護者にサポートの仕方を提供する

生徒の家庭学習をサポートする方法として、保護者が生徒の学びを活性化する質問をするというのがあります。多くの生徒から発せられる共通の質問に対して、考えられる反応を事前にイメージしておくとよいでしょう。そうすることで保護者は、生徒から学びの責任を取り上げることなく、彼らをサポートすることができます。

下に示す「ブーメランモデル」をご覧ください。これらの質問はどんな学習内容にも使えますし、保護者に、教師になることを期待したものでもありません。こうした質問を保護者に紹介しておくと、生徒が一人で完成できると期待して教師は宿題を出している、と保護者は考えることができます。

初めから、保護者が教える必要があるような宿題は出さないでください。保護者が

(13)　三五ページの訳注を参照ください。
(14)　一八〇ページの訳者コラムを参照ください。
(15)　一八六ページを参照してください。

ブーメランモデル

宿題をしていて子どもが「分からない」と言ったとき、どうしたらいいのでしょうか？

考えられる反応例

- ・自分で何とかする方法はない？
- ・使えそうなのは、どんな方法かな？
- ・その課題や質問を、もう少し細かく分けて考えることはできる？
- ・どこからはじめるのがいいかな？
- ・すでに知っていることは何？　その知識をどう使えばいいの？
- ・混乱しているのは、どの部分？
- ・あなたの意見は、筋が通っているかしら？
- ・根拠は何？
- ・これははっきりと書かれているの？　それとも単に予想したものなの？

必要以上に介入すると、生徒のねばり強く考える力が失われます。ねばり強く考える力は、生徒がこれから生きていくうえにおいて重要となるキャリア・スキルです。保護者が甘やかして自立心を奪ってしまう方法で生徒に答えを教えると、成長の機会が奪われてしまうことになります。

ステップ4　成功談を共有する

教師が紹介した質問やモデルで示した方法を、保護者や生徒が実際に使ってつくりだした成果をうまく活用してください。ほかの保護者の成功談を聞くことは、とても効果的です。「ミラーさんとマックス君は、先週の算数の学習について、こんなやり取りをしたそうですよ」と紹介するのです。それを聞いたほかの保護者から、もっとたくさんのアイディアを紹介してもらいます。こうすれば、教室や家庭のなかに、サポートにあふれたコミュニティーが生まれます。

ステップ5　クラス用のウェブサイトに「困ったときにすべきこと」コーナーをつくる

年少の生徒の場合、クラス用のウェブサイトに「困ったときにすべきこと」コーナーをつくっておくと、保護者が生徒のサポートをするうえにおいてとても役立ちます。年長の生徒の場合は、生徒が自力で学べるように生徒向けのコーナーにします。保護者にウェブサイトについての情報を提供して、困ったとき、生徒にそのコーナーを見るように促してもらいます。こうすれば、保護者は生徒にたくさんのことを教えたいという思いを抑えることができます。

教えすぎると、生徒の学習性無力感[16]は強まるだけです。ウェブサイトで、生徒が質問と反応例を紹介できるようにしておきます。そうしておけば、ほかの生徒が困ったときにも見ることができます。

また、「ステップ４」で述べたように、保護者が自分の経験やアイディアを共有できるようにしておくとよいでしょう。仮にクラス用ウェブサイトがなくても、教師と保護者がいつでもやり取りできるように、フェイスブックでクラス用のグループをつくっておけばすぐにでも実行することができます。

ステップ６　保護者のフィードバックを共有して、有効に活用する

保護者からフィードバックをもらったときは、その要約をクラスの保護者全員と共有するようにしましょう。その際、今後の授業の進め方を考えるために、もらったフィードバックをどのように活かすのかについて書き足しておきます。

（16）学習することで、自分にはできないという感覚を味わうことです。これにより、学習したくないという気持ちが強くなってしまいます。

たとえば、保護者に「ステップ3」の「質問の形で子どもに返す」という方法の効果についてアンケートをしたとき、二五人中二〇人は肯定的な評価をし、残り五人が忙しくて試す時間がないと答えたとしたら、約八〇パーセントの保護者が肯定的に捉えていると結論づけることができます。

この結果を保護者全員と共有することで、残り五人の保護者に、ほかの保護者は「質問の形で子どもに返す」という方法の価値を認めたという事実を伝えることができます。残り五人の保護者がその意見を見てくれれば、一〇〇パーセントに近い保護者が積極的にかかわってくれることになります。そのあとで、アンケートのなかにある保護者のアイディアや提案に対してフォローアップできるようにします。

ステップ7 保護者の学びを重視する(17)

生徒からたくさんの質問があったのはどのユニットなのか、生徒がもっとも間違えていたのはどの概念や方法なのかを調べます。保護者向けの勉強会を計画して、そうした評価データの読み解き方、効果的なフィードバックの仕方、生徒が自分で考えられるようにサポートするための質問の仕方について学べるようにします。

できれば、そこで次のユニットの内容に関連した情報を提供してください。たとえば、一月に

「性と生殖に関する健康・権利」(18)のユニットを計画している場合であれば、冬休み前に学校まで保護者に来てもらい、学習内容の下見をしてもらいます。そこで、カリキュラムを踏まえつつ、生徒の質問に対してどのように反応すればいいのかについて考えてもらうのです。

保護者に向けてどのくらいの長さのメッセージを発信したいのかを、あらかじめ考えましょう。もし、勉強会で扱いたい内容を一〇分以内のビデオにまとめられるようなら、ウェブサイト、フェイスブック、ツイッター、一斉送信メールにリンクをつけて送信します。たとえば、「三つの掛け算の方法(19)」や「決まった時間に子どもを寝かせるためのヒント」、そして「テレビ番組を使って作家の見方について考える」などについてはこの方法がおすすめです。

保護者や生徒が家庭で利用できるアプリも紹介するようにします。そうすれば、保護者が学び

---

(17)　学びはイベントでは起こりません。継続的なかかわりが学び（身について、できるようになる）には不可欠です。これまでのPTAでは、これを乗り越える方法が見いだせていません。『ペアレント・プロジェクト』をぜひ参考にしてください。

(18)　日本でいうところの保健・体育に関する授業のユニットです。「性と生殖に関する健康・権利」は、一九九四年にカイロで行われた国際人口・開発会議で承認された考え方です。女性の身体的・精神的・社会的な健康を考慮して、子どもを産むかどうか、いつ産むのかについて選択し、自ら決定する権利を保障する取り組みです。

(19)　筆算を使った一般的な解き方、線を引いて交差した点の数で答えを導き出す解き方、概算してから引き算を使う解き方があります。

をサポートしたり、生徒が学びを広げたりするためにより多くのツールを使うことになります。

より複雑な内容については、直接保護者と会ってやり取りをする計画を立て、そこでの内容をしっかりと記録しておきます。そして、学校のウェブサイトにアップロード（投稿）しておけば、出席できなかったほかの保護者も時間があるときに見ることができます。

たとえば、ＡＤＨＤ（注意欠陥多動性障害）の生徒に関する理解の仕方や、家庭での読書の学習全般に対する影響については、この方法がおすすめです。こうした保護者向けの勉強会を計画するときは、「ステップ１」と「ステップ２」で紹介した保護者会の進め方を参考にしてください。

年度が進み、「ステップ６」で紹介したようなアンケート調査を行って情報が集まれば、保護者が知りたい内容について勉強会を計画することも効果的となります。こうした保護者向けの勉強会が保護者のフィードバックから生まれるということを最大限に活かしてください。

これは、生徒一人ひとりのニーズにあわせた、熱中して学ぶことができる授業を計画し、実践する過程と同じです。日常生活の問題を取り上げ、一人ひとりのニーズにあわせた特別仕様の学びのパワーを実際に体験してもらうのです[20]。

このように、学校での学びと家庭での学びを関連づけることで、教師は保護者との協力関係を築くことができます。しかし、さらに重要なことは、生徒が一貫した方法で学習機会を逃すことなく、いつでも学べるようになるということです。

課題を乗り越える

保護者は、教えることは教師の仕事であって自分の仕事ではないと思い込んでいる

生徒の学びをサポートするために協力関係を築くことが大切だとあなたが考えていることを、保護者が理解できるようにサポートしてください。生徒が安全に過ごせるようにすることは保護者の責任なのですが、生徒が学校にいる間は教師がその責任を担ってくれるものだと保護者は思っています。これは互恵の関係です。

教師の責任と保護者の責任は重なりあっています。結局のところ保護者は、子どもにとっては最初の教師であり、もっとも影響力の大きい存在であり続けるのです。

保護者は忙しいので、学校に学びに来ることができない

保護者に、学習についての情報を届ける方法を考えてください。たとえば、ポッドキャストや

(20)　この具体的な方法について興味のある方は、『ようこそ、一人ひとりをいかす教室へ』『一人ひとりをいかす評価』『ＰＢＬ　学びの可能性をひらく授業づくり』を参考にしてください。

ビデオをつくったり、電子書籍をつくったりするなど、たくさんのツールが利用できます。大きな学校で働いているのであれば、保護者と直接会ってミーティングを行うための多様な時間を設定してください。また、校外学習に関するミーティングを、一回目は放課後に行い、二回目は別の日の夕食時間に設定することができます。

保護者が子どもの面倒を見る必要があるときは、教師が保護者と話をしている間、高校生に来てもらって子どもの面倒を見てもらうというのも一つの方法です。保護者のニーズを明らかにし、その解決方法を見いだしてください。

生徒がすべき課題を保護者が代わりにしてしまっている

この課題が出されること自体が、従来の宿題が効果的なもの[21]ではないという理由の一つになります。この解決策は、宿題を出すことをやめるしかありません。宿題を完全になくす準備ができていないのであれば、過保護になって宿題を代行したりしないですむ方法を保護者に教えて、子どもが責任もって取り組めるようにします。

実際にハックが行われている事例

クリスタル・モーリ先生は、長年にわたって中学校で数学を教えてきました。ワシントン州のケントで働く彼女は、探究型の算数に特化した小学校の教師を対象とした指導コーチ[22]という仕事をはじめたばかりです。モーリ先生が、保護者に参加してもらう方法や、学校での学習と家庭学習を関連づける方法を紹介してくれます。

モーリ先生のストーリー

各州共通の基礎スタンダード（ＣＣＳＳ）[23]を算数の授業のなかに取り入れるのは、簡単なこと

---

(21)　日本では、夏休みを中心に親に代わる宿題代行業者が横行している状態になりつつあります。

(22)　日本流の「指導主事」とは異なります。コーチングのスキルを、自分の専門領域とは別に獲得している指導的な立場の人たちのことを指します。「ＰＬＣ便り」のブログの左上の検索欄に「Art of Coaching」を入力すると、どういう仕事をしている人か分かります。

(23)　全米州知事会と州教育長協議会が各州共通の到達目標として提案したものです。これをほとんどの州がこれを受けいれており、詳細は、http://www.corestandards.org/ などで見ることができます。

ではありませんでした。教師や生徒にとって、新しい到達目標を理解し、その到達目標を達成するための授業はまさしく挑戦的なものでした。

しかし、多くの保護者はそうした変化にどのような意味があるのか、子どもにどのような影響があるのかについて理解できていませんでした。確信が得られない状況により、保護者のなかにたくさんの「疑問」と「苛立ち」が生じているということが分かりました。

そうした否定的な保護者の反応にしっかりと向き合い、肯定的なものへと変えていくために、保護者と協力する方法をいくつか試してみました。それらの方法を使うことで、保護者とやり取りをすることができるようになり、緊張関係もほぐれ、必要な情報が提供できるようになりました。

その結果、生徒と保護者の間で良好なやり取りができるようにもなり、落ち着いた学習環境をつくることができました。生徒は、全問正解を目指すのではなく、しっかりとした学習目標をもって家庭学習に取り組めるようになったのです。

実際に行ったことの一つは、夜のオープン・キャンパスでシラバスの説明をすることをやめました。学校から一方的に説明する代わりに、保護者に生徒が取り組んでいる問題解決学習に参加してもらうことにしたのです[24]。

まず、生徒に対して教える場合と同じように、一〇分間のミニ・レッスンを行いました。保護者に質問をしたり、問題に対する自分の考えを説明してもらいましたが、出てきた考えが正解なのか不正解なのかは言いませんでした。その代わり私は、学習を深めるためのサポートの仕方をモデルで示しました。

モデルとして示したものは、生徒の間違いを正すのとは正反対のやり方で、生徒に質問するという方法でした。この方法を使うことで、保護者の役割を変えることができます。間違いを正してしまうと、学習以外のことに対する家庭での取り組み方と矛盾することになります。そして、何より算数嫌いを生み出すことになってしまいます。

さらに、ミニ・レッスンを行ったおかげで、算数の基礎スタンダードを達成するうえで、家族が担う役割を見直すことができました。保護者には、学校で教師が教えたことを家庭でもう一度教えてもらいたいと思っていません。むしろ保護者には、評価せずに生徒の発言をしっかりと聞いて、質問するようにお願いしました。この方法は、私の授業において大切にしている探究型の授業のやり方に似ています。

最終的に保護者は、正確さを追求することよりも、一人ひとりの振り返りが大切であることを

---

(24)　この具体的な教え方については、『教科書では学べない数学的思考――「ウ〜ン！」と「アハ！」から学ぶ数学的思考を育む』がとても参考になります。

理解したのです。この発見は、多くの保護者にとって救いとなりました。とりわけ、算数に自信がない保護者にとってはそうだったようです。

私が行ったことの二つ目は、新しい内容を学習するとき、困難を抱えている生徒に不満を感じている保護者に、生徒と一緒にハンズオン学習[25]に取り組んでもらったことです。

緊迫した雰囲気のなかでミーティングをする代わりに、いま生徒が困難を抱えている到達目標を直接扱うことによって、保護者と生徒がその概念について深く理解できるようにするのです。ミーティングは、前掲した「責任の移行モデル」に沿って

著者のコメント

夜に行う保護者説明会に、生徒も参加してもらう利点がいくつかあります。まずは、保護者の出席率が上がります。次に、生徒が保護者と一緒にいられるので、ほかの人に面倒を見てもらう必要がありません。それ以外にも、教師の生徒への接し方や生徒の反応を保護者に見てもらい、普段の授業の様子を知ってもらうことができます。

生徒が慣れたルーティンをうまくこなし、自信をもって取り組んでいる様子を見てもらうことで、保護者に生徒が自立心や責任感をもって取り組めている状態を感じてもらうことができます。些細なことですが、とても効果的な学校や学級経営の方法が注目されずに終わることもありません。

さらに、生徒と保護者に共通の教育的な体験に参加してもらうことには大きな価値があります。夜に行う保護者説明会は、毎日の送迎や親子の会話の話題にもなります。

進めました。

具体的には、次のような流れです。

まず、到達目標の定義づけを行います。次に、算数を理解するのにハンズオン学習で使う道具を紹介しました。その次に、特定の課題を出して、それを解決するために使う道具の使い方を示しました。そして最後に、私たち（保護者、生徒、そして私）が個々人で新しい課題に取り組み、つくりだした算数のモデルを共有しあいました。

共有するときには、家庭で保護者に使ってほしい質問を私が保護者に問いかけます。たとえば、「あなたが考えたモデルについて説明してもらってもいいですか？　説明してくれたら、あなたがどのように考えているのか分かるので」と質問します。そうしていくなかで、保護者が自分のモデルを見直し、明確に説明できるようになっていく様子がよく見て取れました。

最後に新しい課題を示し、生徒が自分でモデルをつくれるかどうかを確かめます。このとき、私は一歩後ろに下がって、保護者から生徒に質問をしてもらいました。さらに保護者には、思いついた質問は何でもするように伝えました。

---

(25)　狭義には、パターン・ブロックやタングラムなど、手で触れるものを使ってさまざまなことを試しながら考える学習のことです。広義には、体験型の学習を指します。

ミーティングが終わるころになると保護者は、ハンズオン学習で使った道具や生徒が抱えている困難について理解ができていました。こうしたことを経験したため、保護者は生徒と学習についてうまくやり取りができるようになりました。

保護者から、「最近、学校で算数をどう教えているのか」のワークショップ体験に対する感謝の言葉をたくさんもらいました。数学的な概念について理解を深め、質問スキルを磨くことで、保護者は子どもとの関係をより強め、生徒の授業における成長をサポートしてくれているのです。

教師への信頼は高まり、算数に対する不安が減るにつれて、保護者は生徒に対して説教することなく、落ち着いて質問することができるようになります。そうなれば、生徒はすべてを完璧にこなすことに対してストレスを感じなくなります。と同時に、ゆったりとした雰囲気が生まれ、より創造的になれ、自分の学びにリスクを負って挑戦するようになります。

一方、保護者は優れた聞き手となります。こうしたなかで、本物の学び(26)が生まれるのです。このような「新しい算数」についての対話をすることによって保護者は、長除法について、ドリル学習で練習させるのではなく、数学的思考のできる生徒を育てることが算数における基礎スタンダードの目的であるということを理解するのです。

私が行ったことの三つ目は、毎日のやり取りのなかで、学校での学習や宿題についての教師側の期待を保護者に伝えることがとても大切だ、ということに気づいてもらったことです。

「Remind」（巻末資料参照）というアプリを使って、毎日、授業における生徒の学びの記録をつけています。そのなかには、家庭での活動についても書き込んでいます。約七五パーセントの家庭が「Remind」を利用していますので、生徒が学習内容に不満をもっていた場合は、すぐに保護者から伝えてもらうようにしています。そうすることで、宿題が難しすぎて生徒が混乱してしまう前に計画を調整することが可能となりました。

実際、この三つは「授業外」の時間でやりはじめたことです。しかし、先を見通して課題に取り組み、いつでもコミュニケーションがとれるようにしておけば、保護者は学校を信頼してくれますし協力もしてくれます。つまり、私たちは一つのチームとなることができるのです。

（26）余りの数などの計算過程を書きながら計算を進める方法のことです。

著者のコメント

「Remind」は、テキスト形式で直接携帯電話に送ることができます。保護者とすぐにやり取りができ、インターネットにつながっている必要もありません。クラスや学校のフェイスブックのページも、保護者とやり取りするための有効な手段になり得ます。多くの保護者は、すでに毎日フェイスブックを使っています。

保護者を教育における協力者として接すると、保護者はチームの一員になります。生徒の成功を望まない保護者はいません。保護者が生徒の人生における共同かつ対等の教育者としての役割を担っていると捉えて、保護者に生徒の学びをサポートするための方法を提供すれば、生徒に向けて、教師と保護者から一貫した力強いメッセージを送り続けることができます。

明確にモデルを示してツールの使い方を体験してもらうことで、生徒の学び方に対する保護者の見方は広がります。これまでの時代であれば生徒に役立っていたことも、宿題などの問題に対して新しい考え方をもつことで、現代の子どものニーズにあわないような時代遅れの方法を捨て去ることができるのです。

ハック 10

成長の過程を見えるようにする

—生徒が自分で成長を記録し、確認できるようにサポートする—

大切なもののすべてを、数えられるとは限りません。
また、数えられるもののすべてが、
大切であるとも限りません。

（アルベルト・アインシュタイン）

問題――宿題に成績をつける意味はない

学びにとって、生徒が別の場面で応用できることがもっとも大切です。生徒が知っていると思うことで教師が成績をつけると、成長という重要な観点で見ずに「できた／できない」という二分法で判断することになりますので、学習過程を台無しにしてしまいます。

多くの学校では、強制的に毎晩宿題を課すだけでなく、宿題に成績をつけることが要求されています。それは、成績が生徒を動機づける役割を果たし、生徒の学んだことを伝える手段と考えているからです。

生徒から、宿題に成績をつけるかどうか、これまでに何回ぐらい尋ねられたことがありますか？ その答えによって、生徒はどれくらい力を入れてやるかを決めるのです！ 生徒が成績ばかりを気にするという問題は、学びを何でもかんでも数値化するのと相まって、生徒の内発的な動機づけを損ねることになります。

生徒が主役となり、意味のある学びを実現したいならば、以下のような理由によって、彼らのやる気を削ぐようなことをすべきではありません。

・宿題の評価は、しばしば恣意的であり、具体的でない。教師は、宿題の提出／未提出を記録したり、三段階で成績をつけたりしているだけで、生徒がその内容を身につけたかどうかに関しては見ていない。

・多くの場合、生徒は宿題に対してフィードバックを受けることがない。その量があまりにも多すぎるので、教師は効果的なコメントができない。(1)

・フィードバックがなければ、生徒は間違って知識やスキルを学んでしまいかねない。従来の宿題のやり方では、生徒は間違っていることにさえ気づけず、あとで困難を抱えることになる。

・生徒は宿題のオウナーシップをもてず、友だちの宿題を丸写しするかもしれない。そうなると、生徒は自分が知っていることやできることが把握できず、ほかの学習場面でそれらの知識やスキルを応用するときに困難を抱えることになる。(2)

---

(1)　また、多くの教師は（生徒相互のフィードバックも含めて）効果的なフィードバックの提供の仕方を知りません。効果的なフィードバックの仕方に関心のある方は、『「学びの責任」は誰にあるのか』の二〇四～二一四ページおよび『一人ひとりをいかす評価』の第4章をご覧ください。

(2)　この点については、『「学びの責任」は誰にあるのか』の一九一～一九九ページや『オープニングマインド』で紹介されている固定マインドセットと関係しますので、ぜひご覧ください。

ハック――成長の過程を見えるようにする

生徒の学習を評価したり、記録したりするうえでの「正攻法」はありません。もっとも効果的な方法は、評価したり記録したりすることについて生徒自身に責任をもたせることです。

学びは内発的な動機づけがあって生まれるものなので、教師はフィードバックを記録する方法や、長期的な成長記録をつける方法を生徒に教える必要があります。このような対処があれば、生徒は自分の成長を振り返り、より良い目標を設定し、自分の成長に対するアカウンタビリティー（結果責任）の果たし方を学ぶことができます。

これまでの学びを促進しないやり方を従順に守らせるのをやめて、教室外の学びを意味のあるものにしながら、生徒が学び手として自分のことをどのように捉えているのかについてしっかりと理解できるようにサポートする必要があります。

そうすれば生徒は、自分が何を知っていて、何ができるのかについてきちんと説明することができます。さらに生徒は、自分の学習ニーズにあわせて、教室外での時間を有効活用できるようにもなります。

あなたが明日にでもできること

すべての宿題を回収して、成績をつけるのをやめる

宿題について、より柔軟に考えてください。すべての宿題を回収して、成績をつけることをやめましょう。宿題をより賢明な形に転換するのです。それは、教師が頑張るのではなく、生徒が頑張れることを意味します。

宿題として、教えた内容に関連するプロジェクトの形で学習をするときは、授業できちんとフィードバックをします。そして生徒が、学びの過程をすべて整理して記録するようにします。(3)デジタル機器が使用できるのであれば、グーグルドライブを使ってフォルダーごとに整理して保存するとよいでしょう。

（3）要するに、ポートフォリオを一人ひとりにつくらせることを意味します。これが、自己評価＋自己修正・改善＋次の目標設定や計画のサイクルを回し続ける（自立した学び手になるのを助ける）ための最適な評価方法です。『成績をハックする』と『イン・ザ・ミドル』の第8章を参照してください。

意味のある課題だけを出して、生徒がより成長できるようにする

生徒が「宿題に成績をつけるのか？」と尋ねてきたときは、彼らに成績は重要ではないということをはっきりと伝える必要があります。教室での学びにはすべて目的があります。それぞれの課題に取り組むことで、生徒が学習目標を達成して成長できるようにしてください。

また、時間を費やす意味がない課題はさせていないということを、生徒が理解できるように伝えてください。そして、教室での学習との関連性と、その課題の重要性も見えるようにするのです。生徒に自分の考えを述べさせることを恐れないでください。お互いに納得して前に進むために、生徒の考えをしっかりと聞いてください。

生徒に自分の成長を記録させる

生徒には、自分の学習を記録する方法が必要です。生徒にあった記録方法を考えるためのサポートをします。授業でブレインストーミングをして、記録を続けるためのさまざまな方法を考えてもらいます。

生徒のなかには、ノートに書き留めておくことがいいと考える人もいます。そのような生徒には、ノートの後ろのページを使って、活動について記録するために三つか四つの欄を準備するとよいかもしれません（**表10－1**を参照）。

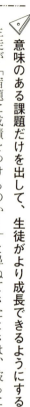

コンピューターに詳しい生徒のなかには、グーグル・ドキュメントを使うのがいいと考える人もいます。そうした生徒には、それを使って図やグラフを準備してもらいます。教室でデジタル機器をいつでも使えるようにしておき、ノートを使っている生徒と同じように、定期的にチェックするようにしてください。

完全実施に向けての青写真

ステップ1　成功の規準を明確にする

達成状況に責任をもつために生徒は、成功例がどのようなものなのか、また特定のスキルや分野において身につくレベルに到達するために必要なことは何かについて理解する必要があります。到達目標について振り返ったり、期待されているものを達成した事例を共有するために授業時間を費やします。

表10－1　学習記録

日付と課題名	フィードバック	使った方法	振り返りと実行計画、目標

これから取り組む学習の具体例は、あえて生徒には示さないほうがいいと思います。示してしまうと、それを丸写ししてしまう生徒がいるからです。しかし、ほかの領域や授業の例を使って、特定のスキルを身につけるためのモデルを示すことはとても効果的なものとなります。

モデルについて検討するように生徒に指示し、クラス全体で振り返り、教師が必要不可欠だと思う最低限の解説を加えます。そうすることで、生徒は期待されているものについてのチェックリストがつくれるようになります。新しいスキルや内容を教えるときは、いつでもこの方法で行うことができます。

ルーブリックを使うときは、必ず生徒と一緒に、学習の成果と目標をもとにルーブリックをつくるようにします。クラスの規模にもよりますが、クラス全体でやるか、小グループに分かれてブレインストーミングをするとよいでしょう。(4)

家庭でも個別に達成状況を記録するために、生徒が授業で何が求められているのかを知っていることが一番大切となります。(5)

ステップ2　概念をどの程度理解できているかについて記録する

到達目標や期待されているものを生徒が理解できれば、記録すべきことも明確になります。新しい概念について学習するときは、身につくレベルがどのようなものかを生徒が確実に知っていることが大切です。二三五ページの**表10－1**に示した学習記録が使えます。

この表を使うと、きちんと整理した形で必要な情報を記録することができます。フィードバックや方法を書き加えるときだけでなく、身につけたスキルの上達度を振り返るときも、この表を使って振り返るように生徒に教えます。次ページの**表10－2**は、その学習記録の活用例です。

ステップ3　学習過程のなかで振り返りをする

学習過程のなかで振り返りをすることは、生徒自身が自分の学びを振り返り、上達度について考え、理解の度合いを評価することができるためもっとも効果的と言えます。教師が生徒の作品やプロジェクトから見られることには限界があるので、自分の知っていることで、共有する方法を生徒に教える必要があります。そうすることで、生徒は学習内容を身につけているかどうかについて深い理解を提供してくれます。

振り返りを授業のなかでルーティン化することによって生徒は自らの成長記録を振り返り、次(6)

(4)　この部分についてのより詳しい情報については、『成績をハックする』の「ハック7」をご覧ください。

(5)　これに対して日本の授業では、教師だけが知っている、あるいは後出しジャンケンのようになっていることが多いように思います。これでは、生徒が学びのオウナーシップをもつことができません。そのため、生徒が自立した学び手ではなく、教師に依存した学び手になってしまうのです。

表10－2　学習記録の活用例

日付と課題名	フィードバック	使った方法	振り返りと実行計画、目標
９月30日 詩についての分析に関する下書き	もっと作者の工夫という点に絞り込んで主張を書きましょう。	主張として書き加えるのに、作家の工夫のどれを取り上げるのがもっとも適切なのかという課題に取り組むために、ペアで何度も見直しをする。	詩のトーンと言葉の選択に焦点化するために、テーマを見直した。 テーマについて証拠を挙げて書いた。 新しいテーマが明確なものかどうか、友だちに小論文を読んでもらった。 これからは、証明されていることを確実に書くようにしたい。
	読者に注目してもらえるように、文脈を構成して書きましょう。	さまざまな考えについてブレインストーミングをすることで、全体との関連性を考える。	読者に注目してもらうために、より大きくて一般的なテーマについて、選択肢を三つの文で書いた。 今後、エッセイをまとめるうえで文脈を利用する方法を覚えておく。

の目標を立て、到達目標を達成したり、あるいは到達目標以上のことを達成したりする方法について説明できるようになります。つながりがより明確になることで、より長期的な視点で自らの成長過程について評価できるようになります。

必ずしも、振り返りを書いて記録しておく必要はありません。自分の活動と成長に焦点を当ててさえいれば、録音、一対一のカンファランス、ビデオなど、生徒が使いたい方法であればどんな方法でも使えます。

ステップ4　学習過程のなかで目標を設定する

成功の規準を理解することに加えて、生徒は自分の目指すべき方向性をコントロールする必要があります。異なるペースやニーズを抱えながら生徒は学んでいるので、授業の目標からそれない範囲で、それぞれの生徒が自分の目標を設定することには意義があります。そうすることで、教師は生徒一人ひとりの目標と計画にあわせて、より焦点化したフィードバックをすることが可能となります。

常に更新できる形で生徒の成長記録を教室の壁に掲示しておくと、生徒と教師がいつでも確認

（6）　そのための多様な方法について詳しくは、『増補版「考える力」はこうしてつける』をご覧ください。

できるだけでなく、目標を達成したことをクラスで祝うこともできます。こうした掲示物は、クラスみんなで成長を認めるという役割をもっています。また、学びの過程を明らかにしたり、学びの複雑さを認めたりする役割も果たすことになります。

こうすれば、ある生徒の目標をクラスのみんなが把握できるといった環境をつくりだすことができます。また、壁に掲示しておくことで、生徒に学習目標のアカウンタビリティー（結果責任）をもたせることもできます。

ステップ5　定期的に生徒とカンファランスをする

振り返りと目標設定に加えて、教師や友だちからのフィードバックも学び続けるためには大切です。生徒は、一人ひとりにあわせた、的を射たフィードバックを受ける必要があります。そうしたフィードバックにより、生徒はさらなる成長が期待される分野を見極めることができますし、正しい方向に進んでいくことが可能となります。

フィードバックをするにはさまざまな方法があるので、クラスの規模や状況に応じて、もっとも効果的な方法を選んでください。その方法としては、次のようなものがあります。

❶生徒のレポートやプロジェクトに書き込む形で行う。
❷Voxer（巻末資料参照）やグーグル・ドキュメントの拡張機能のアプリを使って音声で行う。

❸グループ・カンファランスで行う。
❹必要であれば、個人カンファランスを行う。

生徒にあった方法でフィードバックをしてください。そうすることで、生徒は自らのアプローチをすぐに修正することができますし、悪い習慣や間違った情報を身につけてしまうことを避けることができます。

教師のフィードバックと生徒の反応に食い違いがある場合は、時間を割いて話し合うようにしてください。生徒と個別にカンファランスをすることで、その食い違いにどのような意味があるのかについてより明確にしてください。こうしたやり取りを継続的に行うことで、コミュニケーション不足が解消され、根本的に矛盾したフィードバックがなくなります。

生徒は、教師とやり取りする時間を大切にしています。とりわけ、教師が一人ひとりの生徒に注目するとき、そのように感じます。こうしたやり取りは、授業中や授業後に、あるいはデジタル機器を使えばいつでもできます。短い時間でチェックするときは、生徒は疑問を明確にしたり、自分の知識を確かめたり、興味関心があるほかのことについて説明することができます。やり取りをするときは、生徒が中心となり、教師は相談相手になるという形で進めてください。

ステップ6　「賞罰マインドセット」を取り除く

教室に入る前に自分の判断を明確にしておき、「賞罰マインドセット」によって生徒へのサポートが鈍ってしまうことを避けてください。

言うまでもなく、私たち大人は、従順であることが高く評価されるという環境で育ってきました。したがって、私たちが潜在的にもっている、従順な態度で学習すべきだという考え方を修正する必要があります。

ここで言う「賞罰マインドセット」とは、学びをもっとも大切なものだとは考えないで、教師が要求したことを行わない生徒には罰を与えるべきだという考え方です。学びや成長は、すぐに起こるものでも、従順さから生まれるものでもありません。身につけることが大切なのであって、ゆっくりと達成されていくものなのです。

こうした考え方を、生徒、同僚の教師、保護者に繰り返し伝える必要があります。生徒こそが学びの主役であることや、強要したり、成績をつけたりしないと価値のある宿題にならないという考え方はおかしいことだ、ということに気づかせてください。

課題を乗り越える

生徒は自分の成長を記録する責任をもてないし、成績をつけない宿題は子どもがやらない、と主張する保護者がたくさんいます。しかし、毎日宿題を出さなかったり、それを集めなかったりするからといって、「生徒は努力していない」と決めつけることはできません。むしろ、一人ひとり自分のニーズにあった学習目標を立て、成長過程を記録していくなかで生徒は大切なものをたくさん手に入れていくのです。

生徒に真剣に取り組ませるために、宿題を回収する必要がある

教師は、生徒がアカウンタビリティー（結果責任）をもち、宿題に真剣に取り組むためにペナルティを科す必要があると考えがちですが、生徒に自己評価の仕方を教えれば、彼らは個別に学ぶことができます。そのうえ、生徒が自分で課題をつくりだし、自分のペースで取り組めるのであれば、彼らは喜んで完成させることでしょう。

宿題の計画、実行、評価の過程に参加する機会が生徒に増えれば、彼らはその宿題により熱中して取り組むようになります。成績をつける、あるいはつけないは関係ありません。

生徒が自信をもって完成させるために、宿題に成績をつける必要がある

うまく学習できているかどうかを判断するために、生徒は成績がつくまで待つようにと教え込まれています。しかしながら、究極的なことを言えば、そうした従順さを求めていても学びは生まれませんし、生徒は「学校ごっこ」を続けるだけです。

成績に頼りきっているかぎり、教育システムが強力なパワーを教師に与え、生徒に十分な責任を担わせることはありません。学校や教師は、生徒の学習過程をサポートする必要があります。成績をつけるのではなく、生徒の学習過程に価値を認め、最終的な成果物だけでなく、学習過程にこそ自信をもてるようにすることが大切です。

生徒がやってこないのであれば、罰則があって当然だ

生徒に宿題を強要することでより良い学びが生まれたり、より力がついたりするという主張を裏づける証拠は何もありません。教室外での活動が生徒にとって意味あるものに感じられないときは、彼らが取り組む必然性を感じることもありません。したがって教師は、生徒が学びたいと思えるようにするために、別の方法を考える必要があります。

居残りをしないように脅したり、成績を下げたり、課外活動に参加するのを禁じたりするのではなく、その学習に取り組むことに意味があり、日々の生活とどのように関係しているかについ

て、生徒が理解できるようにする必要があります。

生徒は自分の学習記録をつける力をもっていない

生徒は、私たちが考えている以上に資質・能力をもっています。彼らに対して高い期待をもっていれば、教師の期待以上にしっかりと考えて、行動力を発揮してくれます。そうした生徒の姿を見て、私たちは驚くはずです。適切な方法を教えて、授業で練習する時間を確保し、タイミングよくフィードバックすることで、生徒はしっかりと自分の学習記録をつけることができます。

学習記録のつけ方を身につけていれば、生徒はほかの誰よりも自分のニーズと目標を理解し、自分にあった方法を見つけることができます。より多くのサポートを必要とする生徒も、教師と一対一で取り組んだり、記録する過程をサポートしてくれる仲間や友だちの力を借りて取り組めば必ずできるのです。

学習記録をつけることは教師の仕事であって、生徒がやるべきことではない

あらゆる年齢の生徒に関して言えることですが、教師はたくさんの責任をもっています。しかし、そのなかでもっとも重要なことは、生徒が学びのオウナーシップをもち、責任をもてるようにすることです。これは、魔法のように起こることを期待しても達成されることはありません。

むしろ、自分で学びがコントロールできるようになるまで、教師が生徒をサポートし、成長過程をガラス張りにして、フィードバックする必要があります。

生徒のために教師がやってしまうのではなく、生徒が学習している状態を助言しながら成長を見守るようにしてください。生徒には学習記録はつけられないと決めつけてしまうと、生徒自身もそう思い込んでしまいますし、自分の学びに対してどんどん無関心になっていきます。

生徒のなかには、どのようにして責任をもつかについて学ぶために時間がかかる人もいるでしょうが、あきらめてはいけません。[7]

結局のところ、自分の成長過程を記録すること、そして振り返ってさらに成長していくことが、生徒の学びにとってはもっとも大切なものなのです。これらを生徒がうまくできるようになれば、大学生活やその後のキャリアに向けて準備していくことについて、教師がうまくサポートできたと言えます。

ハックが実際に行われている事例

著者の一人であるサックシュタインの「ＡＰ文学と創作[8]」という授業の特徴は、生徒の振り返りと自己評価です。以下の実践において、家庭と学校の学習を関連させながら、サックシュタインがどのようにして成長過程の記録を生徒に取らせているかを紹介していきます。

サックシュタインのストーリー

毎年、生徒自身が学びを生み出すことができるように、サポートする旅がはじまります。自分の学びを振り返り、自分の得意／不得意な分野を見いだし、前進していくための方法を知っている生徒が、教室にたくさんいる状態を想像してみてください。

私の授業は、生徒が目標を立て、振り返りをして、私や友だちからのフィードバックを受け、修正し続けるという形で進めています。時には、家でやるという選択肢もあるので、生徒は自分の作品に満足するまで続けることができます。

アリシア・マシーという生徒は、年間を通して、取り組んだ課題に対する私からのフィードバ

---

(7)「多くの教師は、その時間を待てずにいます。生徒に変化をもたらせない自分の未熟さを突き付けられている気がしてしまうからなのか、早々に決着をつけたがってしまう傾向が強いです」というコメントが翻訳協力者からありました。生徒を信じてサポートできるかどうか、教師としてのあり方が問われているような気がします。

(8) ＡＰ（Advanced Placement）は、優秀な生徒のみが履修することができる大学レベルの科目のことです。この場合、学習進度の早い生徒を対象とした国語の授業と解釈することができます。

ックを上手に記録していました。たいていの場合、彼女は夜遅い時間に記録をつけていました。グーグル・ドキュメントに日付と課題を書き、自分がもともと書いていた小論文の横に、私からのコメントをコピーして貼り付けていました。

それぞれの部分に対するフィードバックをきちんと記録して、私のフィードバックに分からないところがあって、修正する方法を教えてほしいときには直接私に尋ねに来ました。

ほかの生徒も、ワークショップを行えば、友だちに質問しながら彼女と同じようにノートを使ってフィードバックを記録していました。ほとんどの場合、アリシアが指摘した困難はほかの生徒も感じていたものでした。私は、ペアで取り組ませたあとに、彼/彼女らが自力では理解できないものについてミニ・レッスンで教えました。

このように、生徒が共通した困難を抱えているということは、私がその概念をうまく教えることができておらず、別のやり方で教えるべきだということを意味しています。フィードバック・サイクルを使うことで、アリシアを含む生徒は定期的に自分が抱えている困難にもう一度取り組み、その分野で成長することを目標としてさまざまな方法を試すことができました。フィードバックや教わった方法を使うことで、生徒は学んだことを新しい課題に応用することができ、自らの成長を感じることができたのです。

そうしたなかアリシアは、自分が記録したフィードバックを活かして、いつ、どのように学んだことを応用できるか、さらには記録したことでどのように自分の小論文がよくなったかを紹介するために、毎回授業の最後に五～一〇分の振り返りの時間をとっていました。彼女は次のように述べていました。

「導入部分の段落を書いたあと、本でしっかりと調べて、この小論文に引用できる証拠を探しました。パソコンを使って引用部分の一覧表をつくりました。そうすることで、授業のときにすぐに探すことができました。もちろん、パソコンに記録したものを全部使って書いたわけではありません。自分の主張を裏づけてくれるものを選びました。詩の分析に関する小論文を書いたときに、先生からもらった『自分のテーマとしっかり関連づけるように』というフィードバックを参考にしました。また私は、テーマに関連する証拠をできるだけ示すようにしました」

生徒が授業外で期待されていることを理解しやすくするためにさまざまな方法を授業で紹介していましたので、アリシ

著者のコメント

フィードバックや自分の振り返りを活用することを教えるのは、小学校からはじめられます。生徒が学校で書いたものを家庭で読ませて、フィードバックがほしいところに印を付けさせるという方法は、効果的なフィードバックについての教え方となります。

自分で振り返りをすることで、生徒は家庭でも学習内容を振り返り、次の目標が立てられるようになります。

アは到達目標を見事に達成し、さらに上のレベルまで達成することができました。

振り返りのなかでアリシアは、フィードバックを新たな課題に取り組むときにどのように活用したのかということについて説明をしてくれました。自分の得意／不得意な分野にしっかりと注意を向け、自分が知っていることやできることをきちんと説明することができれば、生徒は学びを前進させる力を身につけるようになります。**表10-3**は、アリシアが一年にわたって記録し続けたフィードバックの抜粋です。

生徒がアカウンタビリティー（結果責任）をもてるように授業で期待されていることを明確にしておくことで、生徒は自分にあったペースで学ぶことができます。そして、自分の目標を達成するために必要なことに集中することも可能となります。フィードバックが教師や仲間から教えてもらった方法とつながり、振り返りが生徒のオウナーシップを育んでくれるのです。そうした学びの過程において身につけたスキルは、大人になってからも使い続けることができます。

生徒に学びの責任をもたせることで魔法のような結果が生まれます。それは、ホグワーツ魔法魔術学校(9)での学習なんかではありません。生徒は自分が知っていることやできることをしっかりと説明できるようになり、自分が成長していくうえにおいて、本当に意味のある時間の使い方が

表10－３　フィードバックの記録（抜粋）

詩の分析についての小論文（10月18日）

- 導入部分の段落にテーマに関するものを入れておくべきです。第２段落にテーマを書いていますが、ここに分析も入れるべきです。分析に入る前に、テーマと文脈を関連づけるようにしたらよいと思います。
- 韻を踏むことでどんな効果が読者にもたらされるでしょうか？　そのことを、テーマとしっかりと結びつけて述べるといいですね。
- 次の韻について話を展開していく前に、この二つの考えの間に接続詞を入れておくといいですね。
- この探究的なトーンは、悲しみというテーマや韻の踏み方をどのように裏付けていますか？　すべてを詰め込むことはやめましょう。あなたが証明しようとしているものを裏付ける情報や根拠に絞って書きましょう。
- 学術的に書くときには、二人称は避けるようにしましょう。
- いいですね。この部分を読むと韻がどのような役割を果たしているか、よく分かります。そこの部分はどのようになっていますか？
- 繰り返し述べずに、考えを展開するために接続詞を使うといいでしょう。
- ここに飛躍があるように思います。一貫性はどうなっていますか？　これらの考えはどういう関係になっているのでしょうか？
- 自信をもって述べてください。
- 「私は○○と思います」という言い方や、一人称を盛り込むことはやめましょう。
- 結論部分で「まとめ」を書くようにしましょう。言い直すだけに留めるのでなく、そのテーマや文脈について読者が考える余地を残しておくようにしましょう。

できるようになるのです。それらのスキルを身につけることは、従順さや指示に従うことよりも現代社会においては大切なことです。学びの過程において発言権をもつことで、恐れることなく生徒は必要なサポートを求めることができます。

宿題はどうあるべきかについて私たちが考え続けるためには、教育の核心は何か、を思い出すことが必要となります。そうです！　教育の核心は、生徒が自立して熱心に学び続けられるようにサポートすることです。そのためには、教師がすべてを指示したり、やってしまったりすることから、生徒が主役となって学習経験をつくりだすことへの転換が必要です。

教室外での学びから成績や従順さをなくすことで、学びはより意味のあるものになっていきます。そうすると、生徒は成長しているという自信がもてますし、学びのオウナーシップをもつこともできるのです。

（9）　J・K・ローリングの小説『ハリー・ポッター』シリーズ、およびその派生作品に登場する学校です。

著者あとがき――学校外での学びを再考すべきとき

宿題について多くの議論がなされています。賛否両論、熱のこもったやり取りが行われています。(1)私たちは、宿題を出すか、それとも出さないかということに興味はありません。宿題に対して、長年にわたって存在し続けている考え方を変えたいと思っているのです。

宿題には、優れた学習習慣を身につけてほしいという願いがあるだけで、生徒は内発的な動機づけがもてず、時間を無駄にしています。教育に対してさまざまな面から再検討が行われている現在、宿題も、カリキュラム、教え方、評価などと同様に深刻な問題を抱えていると考え、再考するべきときが来ています。

多くの人が、宿題はもっとも確実な方法だと思っています。しかし、それだけでは、私たちの

---

(1) 残念ながら、日本において宿題について議論されることはまったくと言っていいほどありません。単なる習慣としてやり続けられているというのが現状ではないでしょうか。しかし、本書を読めば、日本においても変えていく必要があることは明らかです。

生徒にとって、そして保護者にとっても最善の方法だとは言えません。ワークシート、読書記録、スペルのリスト、(2)何時間もかかる算数・数学の宿題は効果的な方法ではないのです。したがって私たちは、学校から帰って生徒が家族とともに過ごす時間の使い方について再考しなければなりません。

伝統に縛られず、リスクを冒し、新しいことへ挑戦することも必要です。そうすることが、今日の生徒にとっては適切な変化だと思っているからです。そうした急激な変化には課題や失敗はつきものです。しかし、私たちがこれまでと同じやり方を続けていれば、生徒を前進させるだけの効果的な方法は決して見つかりません。

失敗は必ず起きるものです。アインシュタインは、そのことをよく理解していました。実際、アインシュタインや、彼と同じように挑戦を続けている人は、「成長には失敗がつきものだ」と信じています。

生徒の学びはとても複雑なものであり、「これをして、その次にこれをして」というように、簡単にフローチャートにまとめることはできません。生徒の興味関心、教師との信頼関係、学習内容に対する意味づけといったさまざまな要素が、私たちが考えている以上に学びを活性化するために重要なのです。宿題に関して見当違いをしたまま、学校で七時間過ごした生徒にさらに宿題を課すことの是非を考えようともしない制度に縛られないでください。

家に帰ってきた生徒に、無理やり学校でやり残した勉強に取り組ませていては、学校外ですべきことについて否定的なメッセージを生徒に伝えることになります。生徒は、音楽教室、ダンス教室、スポーツクラブなど、たくさんの予定があります。そんな状況があるにもかかわらず、たくさんの宿題を課しているという事実は問題を悪化させるだけです。

こうした教室外の活動のなかで、生徒は学んだことを応用してスキルを磨いています。それらのおかげで、生徒はねばり強く学び続けることができるのです。

楽器の練習であろうと、ダンスの練習であろうと、生徒は優れた方法を身につけ、持久力を向上させ、失敗からさまざまなことを学んでいるのです。点数がつけられたり、合格／不合格の判定が下されたりしなければ、彼らは学ぶということは時間がかかるものだと理解します。

失敗しても、何度も挑戦しながら、学んでいける学習環境を生徒は必要としています。それが、人が成長する過程なのです。皮肉なことですが、そうした過程はスポーツクラブやピアノのレッスンでは当たり前のことです。しかし、どういうわけか、学校での学びではそのようになっていません。

（2）日本で言えば、漢字や計算練習帳などが、何の議論もされることなく単なる習慣として続けられている点で、これらと同じか、あるいはもっとひどい状況と言えるかもしれません。

学校の内外を問わず、生徒がこのような過程で学ぶことができれば、これからの人生で直面するであろう課題を解決するために、必要な忍耐力をどんどん身につけていくことができます。さらに、休憩をとることは、ストレスや不安を軽減するうえにおいてとても効果的と言えます。また、たとえチームで取り組んでいなくとも、生徒が力を抜いて遊ぶことも必要です。家族で散歩したり、サイクリングをしたりすると、疑問に思ったことなどを観察することになり、それらについてやり取りするという機会が生まれます。

学校と家庭にこれまでの宿題を変えていこうと呼びかける際は、リスクを冒し、新たに挑戦したことで学んだ点を頻繁に情報交換し、みんなにとって最善の学習環境をつくりだすために協力していく必要があります。常に情報を交換しあい、有意義な振り返りをすることで、生徒は資質や能力を向上させ、友だちや教師、そして保護者とよい関係を築き、世界についての理解を深めていくようになるのです。

世界はとてつもなく広大であり、私たちの想像力をかき立ててくれます。私たちが気づかなくても、常に学びは生まれているのです。教室での授業と学校外の生活を関連づけるために、日々の生活のなかにある学びのパワーを活用する必要があります。そうすることで、学びはより意味のあるものとなり、目的もより明確になります。

毎晩の宿題がなくても、生徒にアカウンタビリティー（結果責任）と学びの責任を果たすことは教えられます。教師が保護者と協力すれば、家庭で学んだことは教室での学びに大きな影響をもたらしてくれます。こうした経験を共有することで、家庭での学びと教室での学びを生徒がどのように関連づけるかを考えてみてください。家庭でそのように過ごしていない生徒の場合、とりわけ効果的な方法となります。

「一度も失敗したことがない人は、新しいことに挑戦したことがないのです」というアインシュタインの言葉を引用することで、私たちはこの本をスタートさせました。各章のアインシュタインの言葉を振り返ってください。それらの言葉は、あなたがこれまでの授業を振り返り、新しいことに挑戦し、教室外での学びを活性化するための原動力となるはずです。

訳者あとがき

宿題とは、何のためにあるのでしょうか？　これまで日本で出版されてきた宿題に関連する書籍を読んでみると、機械的な暗記を求めるものや、授業で押さえきれなかったことに取り組ませようとするものがほとんどでした。

そのため、生徒にとっては、宿題は興味関心を惹きつけるものでも、学びが広がったり深まったりするものでもなく、「仕方なくやる／やらされるもの」というように、負のイメージを描いてしまうものでした。そのような宿題を出し続けても、生徒がより良い学習習慣や資質・能力を身につけるはずはありません。「学習／勉強は苦役である」というイメージを上塗りしているだけ、とさえ言えます。

こうしたなか、近年では宿題に代わって、あるいは宿題に加えて、自学ノートに取り組ませることで学習習慣を充実させようとする動きが広がりつつあります。小学校を対象としたものを中心に、いわゆる「自学ノート」に関する書籍が何冊も出版されています。

これらの書籍のほとんどが、学習する内容こそ生徒に選択させているとはいえ、「やる／やらない」を選択する余地は生徒になく、「毎日学習（提出）する」ことを原則としています。さらには、「学年×一〇分以上は学習する」とか「最低〇〇ページする」といったように、取り組んだ時間やページ数といった量が強調されています。

その根底には、小学校のころから「毎日コツコツ勉強するのが当たり前」という感覚を身につけておくことで、中学校以降も「（テストでいい点を取るために／受験で合格するために）家庭で勉強するのは当たり前」という感覚をもつようになる、という考え方があります。

しかし、実際の例を見てみると、毎日やることばかりに意識が向いてしまい、「学ぶ楽しさを忘れがちになる」というコメントが見られます。また、教師からは「頑張ったね」といった短いコメントを付したものや、スタンプを押すだけのものが多く、生徒の学びへのフィードバックは、とても効果的とは言えないものが数多く見られます。

こうしたことを考えると、自学ノートに関連する取り組みにおいても「たくさんやる」とか「毎日やる」といった量的な側面ばかりが求められており、結果として、宿題を通した学びそのものには目が向けられていない場合がほとんどだと言えます。

日本において、「自ら学び、自ら考える力」の育成の重要性が指摘されてからすでに長い年月が経過していますが、いまだ十分には実現されていません。とりわけ、二〇〇〇年代以降の国内・国際調査では、日本における生徒の「学ぶ意欲」の低さが問題にもなっています。

このような状況ゆえなのでしょう。宿題も含めて家庭学習はもちろんのこと、日々の授業の充実を図ることの重要性が指摘されてきました。ここ数年のアクティブ・ラーニング（主体的・対話的で、深い学び）の呼びかけは日々の授業の充実を目指すものですが、それが十分に実現されるようになったという話や、宿題を含めて家庭学習に波及しているという話は、残念ながら聞こえてきません。

こうした現状は、教師が「学習／勉強は苦役である」という固定観念に縛られ続けていることを示しているように思えます。生徒のアクティブな学びを実現するために、教師がこうした固定観念を捨て去り、生徒の学びにしっかりと目を向けて挑戦していく必要があります。

私は小学校の教員になったとき、初めから「何をどれくらい出すのか？」ということに頭を悩ませていました。いまになって思えば、現状維持の教育の考え方にどっぷりと浸かっており、「そもそも、宿題を出す必要があるのか？」というところまで考えが至っていなかったのです。

ところが、取り組みはじめて、これほどまでに時間がかかるものかということを思い知らされました。その日のうちに返却できるように、隙間の時間を使って、あるいは毎日、生徒が帰ってから山積みとなった宿題に向き合いました。本当に生徒一人ひとりにとって意味があるのか考える暇もなく、取り組んでいたのではないかといまでは思っています。

　数年が経って、新しく同じ学年を担当することになった一人の先輩教師から、「毎日、同じように出す必要はない。子どもたちの様子を見ながらやるといい」というアドバイスをもらいました。そこで取り組んだことの一つが、毎日出す漢字の宿題をやめることでした。そして、みんなが平等に同じ言葉を書くことから、その漢字を使った言葉を生徒が調べるといった方法に変えました。

　このように変えたことで、すべての生徒が家の人に質問したり、いま読んでいる本から探してきたりするようになりました。そして、授業で生徒に、どんな言葉を、どうやって見つけたのかについて発表してもらうことで、より多くの学び方や調べ方があることをクラスで共有することができました。

　さらに続けていくうちに、「ここにも、この漢字が使われていたよ」と、生徒が嬉しそうに話してくれるようになりました。それは、これまで学校で行われていた伝統や習慣に対してしっかり考えることが私自身にできておらず、生徒の声を聞くこともできていなかったことに気づかされた瞬間でもありました。そして、こうした取り組みを続けたおかげで、私自身がもっていた、宿題は教師が出すものだ、という考え方を変える必要があることも学びました。

　普段あまり積極的に発言しない生徒が、「これを読んでみて！」と目を輝かせながらやって来たときのことです。その生徒は、学校で調べた本には書かれていない情報を見つけて、線を引いていました。

私が読み終わると、「これ、使えると思う。お母さんと一緒に見つけたの」とその生徒が説明をしてくれました。このことを授業で共有すると、ほかの生徒から、

「僕も、昨日お母さんとスマートフォンを使って調べたよ」

「私はインターネットで調べたよ」

といった声が聞こえてきました。

授業を終えてからその生徒に、「ほかの資料も見てみるといいね」と伝えたところ、その日の振り返りに、「今日は、友だちといろいろな資料を見合いました。もっといい作品ができそうです」と書いていました。そして後日、新聞以外から集めてきた資料を使って、作品を仕上げていました。

こうした生徒の姿から私は、好奇心で惹きつけられたものを家庭でも調べ続け、学び続ける生徒のパワーを感じ取ることができたわけです。と同時に、宿題は好奇心に火がついた生徒自身が学び続けるためのものであるべきだ、と考えるようにもなりました。

教師であれば誰しも、生徒が主体的に学ぶ姿を見続けられる環境をつくりだしたいと願っていることでしょう。そのためにも、固定観念を捨て去る必要があると言えます。

本書は『成績をハックする』の姉妹編であり、伝統的な教育のあり方、現状維持の教育のあり方について、極めてクリティカルな視点から捉え直し、そこにある問題点をハック（改良）する方法について実践的に描き出したものです。本書において筆者たちは、「すべての生徒が学ぶことが好きになり、授業以外でも学ぶことを促す」（「まえがき」xiiページ）ものだという宿題に対する見方を提示しています。

その根底には、教育においてもっとも大切にされなければならない目標である「自立した学び手」へ、どのようにすれば育てることができるのかという問いがあります。それは、たくさんの宿題をこなしても、ましてや褒美や罰を与えるといった外発的な動機づけに頼っても、決して実現されるものではありません。生徒が、宿題を通した学びの質の変化に気づいたり、本当の意味で学ぶ楽しさを味わったりすることで実現されるものなのです。

本書は、自ら学び続ける「自立した学び手」の育成を実現していくために必要とされる宿題のあり方を探究したもので、これまでの日本の「宿題観」や取り組み方、ひいては教育のあり方とは異なる、新しい切り口を私たちに示してくれています。本書を読むことで、日本の教育界に「新しい風」がさまざまな方面から吹くことを祈っています。

最後になりましたが、訳稿の段階で目を通し、貴重なフィードバックをしていただいた、井浪真吾さん、上山洋子さん、大木理恵子さん、河北光弘さん、佐野和之さん、そして『成績をハックする』に引き続き、本書の企画を快く受け入れていただき、最善の形で日本の読者に読んでもらえるようにしてくれた株式会社新評論の武市幸一さんに感謝します。

高瀬裕人

二〇一九年　三月

・『スタンフォード大学――夢をかなえる集中講義』ティナ・シーリグ／高遠裕子訳、CCC メディアハウス、2016年
・『成績をハックする――評価を学びにいかす10の方法』スター・サックシュタイン／高瀬裕人他訳、新評論、2018年
・『増補版 「考える力」はこうしてつける』ジェニ・ウィルソン他／吉田新一郎訳　新評論、2018年
・『増補版　作家の時間』プロジェクト・ワークショップ編著、新評論、2018年
・『退屈をぶっとばせ！――自分の世界を広げるために本気で遊ぶ』Joshua Glenn 他／大網拓真他訳、オライリージャパン、2018年
・『たった一つを変えるだけ』ダン・ロススタイン他／吉田新一郎訳、新評論、2015年
・『作ることで学ぶ』Sylvia Libow Martinez 他／阿部和広監修・酒匂寛訳、オライリージャパン、2015年
・『ティンカリングをはじめよう――アート、サイエンス、テクノロジーの交差点で作って遊ぶ』Karen Wilkinson 他／金井哲夫訳、オライリージャパン、2015年
・『一人ひとりをいかす評価』キャロル・トムリンソン他／山元隆春他訳、北大路書房、2018年
・『PBL――学びの可能性をひらく授業づくり』L. トープ他／伊藤通子他訳、北大路書房、2017年
・『ペアレント・プロジェクト』ジェイムス・ボパット／玉山幸芳・吉田新一郎訳、新評論、2002年
・『「学びの責任」は誰にあるのか』ダグラス・フィッシャー他／吉田新一郎訳、新評論2017年
・『ようこそ、一人ひとりを活かす教室へ』キャロル・トムリンソン／山崎敬人他訳、北大路書房、2017年
・『読み聞かせは魔法！』吉田新一郎著、明治図書、2018年
・『ライティング・ワークショップ』ラルフ・フレッチャー他／小坂敦子他訳、新評論、2007年

訳注で紹介している本の一覧　（あいうえお順）

・『遊びが学びに欠かせないわけ』ピーター・グレイ／吉田新一郎訳、築地書館、2018年
・『イン・ザ・ミドル――ナンシー・アトウェルの教室』ナンシー・アトウェル／小坂敦子他訳、三省堂、2018年
・『選んで学ぶ――学ぶ内容・方法が選べる授業（仮題）』マイク・エンダソン／吉田新一郎訳、新評論、2019年春刊行予定
・『オープニングマインド――子どもの心をひらく授業』ピーター・ジョンストン／吉田新一郎訳、新評論、2019年
・『親のためのマインドセット入門（仮題）』メアリー・ケイ・リーチ他／大内朋子他訳、新評論、2019年夏刊行予定
・『教育イノベーターのマインドセット（仮題）』ジョージ・クロース／白鳥信義他訳、新評論、2019年夏刊行予定
・『教科書では学べない数学的思考――「ウ～ン！」と「アハ！」から学ぶ』ジョン・メイソン他／吉田新一郎訳、新評論、2019年
・『クリエイティブの授業』オースティン・クレオン／千葉敏正訳、実務教育出版、2012年
・『クリエイティブを共有！』オースティン・クレオン／千葉敏正訳、実務教育出版、2014年
・『効果10倍の〈教える〉技術――授業から企業研修まで』吉田新一郎著、PHP 新書、2006年
・『言葉を選ぶ、授業が変わる！』ピーター・ジョンストン／長田有紀他編訳、ミネルヴァ書房、2018年
・『ジグソー法ってなに？――みんなが協同する授業』エリオット・アロンソン他／昭和女子大学教育研究会訳／丸善プラネット、2016年
・『シンプルな方法で学校は変わる』吉田新一郎・岩瀬直樹、みくに出版、2019年

大きな影響力を与えたと認められる必要があります。(https://teachercenter.withgoogle.com/certification)

③ **SMART Exemplary Educator**——ICTを活用し、とくに優れた実践を行っている教師としてSMART社から認定を受けた教師のことです。認定には、各地で開催される研修会に参加する必要があります。

ることができるアプリです。

⑰ **Remind**——①の説明と同じ。227ページの著者コメントも参照。

⑱ **Snapchat**——④の説明に同じ。

⑲**サーベイモンキー**——⑧の説明に同じ。

⑳**ツイートデック**——ツイッター社公認のアプリです。「ダッシュボード」と呼ばれる閲覧スペースを使って、話題や友だちごとにつぶやきを分類整理して表示することができます。

㉑ **Twitter**——④の説明に同じ。ただし、一度に投稿できるメッセージの文字数制限があります。

㉒ **Vox**——動画、写真を投稿したり、閲覧者がコメントを付けたりするSNSの機能をもったブログ作成アプリです。公開範囲を制限することができます。自分のみに設定すると、メモとして使用することもできます。

㉓ **Voxer**——音声でのやり取りをすることができるアプリです。写真やテキストメッセージも送ることができます。音声メッセージの録音ができるため、相手があとから聞くこともできます。

（これらのアプリのほとんどは無料のものですが、一部有料のものが含まれていますのでご注意ください）

テクノロジーを活用する教師への認定制度（ABC順）

① **Apple Distinguished Educator**——ICTを活用し、とくに優れた実践を行っている教師としてアップル社から認定を受けた教師のことです。認定には、各地で開催される研修会に参加する必要があります。

② **Google Educator（Google for Education 認定イノベーター）**——ICTを積極的に用いて教育活動に取り組み、グーグル社から認定を受けた教育者のことです。現在、世界50か国以上の国、1,500人以上が認定を受けています。認定を受けるためには、自分が取り組んでいるプロジェクトについてICTを使って発信し、教育界に

⑧**グーグル・ドキュメント**——パソコン、スマートフォン、タブレットのどこからでも新しいドキュメントを作成して、他のユーザーと同時に編集できます。インターネットに接続していなくても作業を継続でき、Word ファイルも編集できる Google の無料サービスです。マイクロソフトも、Word Online という同じ無料サービスを提供しています。

⑨**グーグル・フォーム**——インターネット上でアンケートを作成して、共有することができます。手軽にアンケートの収集・分析ができるのも特徴です。

⑩**グーグル・ハングアウトオンエア**——動画配信アプリです。2011年の初公開時には、利用者が限定さていましたが、2012年以降一般利用者も利用可能となりました。多くの視聴者に同時配信することができ、ライブ放送が簡単に行うことができます。現在では「You Tube ライブ」に移行されています。

⑪ **G Suite for Education**——グーグルが教育機関向けに提供しているクラウドベースのアプリ集です。一般的なグーグルアプリが利用できるのはもちろんのこと、クラスでの情報交流アプリである Google Classroom も利用できます。４名以上の利用者がいる場合は、データ保存が無制限で利用することができます。

⑫**インスタグラム**——④の説明に同じ。

⑬ **IO Education**——評価データの収集・分析アプリです。デジタル・ポートフォリオを作成したり、メッセージ機能を使って保護者とやり取りしたりすることもできます。

⑭ **Kidblog**——生徒がブログ作成・公開を行うためのアプリです。デジタル・ポートフォリオを作成することもできます。

⑮ **Meetu**——地域やグループ間での情報交流アプリです。アウトドア、学び、スポーツなど、テーマごとに仲間を探すことができます。詳しくは、https://www.meetup.com/ja-JP/ をご覧ください。

⑯**ポッドキャスト**——投稿された音声データ、動画データを視聴す

巻末資料

用語解説（ABC 順）

①**ブログ**――インターネット上で自分の意見を公開したり、意見交流をしたりすることです。「Web に log（記録）する」を省略して「ブログ」と呼ばれるようになったと言われています。

② **e-pal**――文通相手を pen pal というように、電子メールでの文通相手のことです。

アプリ一覧（ABC 順）

① **Appletree**――教師と保護者がテキストメッセージ、動画、写真を使ってやり取りすることができるアプリです。

② **ClassDojo**――デジタル・ポートフォリオ作成アプリです。保護者が閲覧し、フィードバックを提供することもできます。

③ **Edmodo**――クラス限定公開のＳＮＳアプリです。いつでもどこでもデジタルでやり取りすることができます。テキストメッセージ、写真、動画のやり取りができます。

④**フェイスブック**――いつでもどこでもテキストメッセージ、写真、動画を使ったやり取りすることができます。

⑤**フェイスタイム**――アップル社の製品同士で音声／ビデオ通話ができるアプリです。

⑥ **Fresh Grade**――②の説明と同じ。

⑦ **Google Classroom**――データをインターネット上に保存してクラスで情報を交流するアプリです。教師が課題を回収しフィードバックしたり、授業や学校行事などに関連した情報を配付したりすることができます。また、テキストメッセージ、写真、動画のやり取りもできます。

訳者紹介

高瀬　裕人（たかせ・ゆうじん）

2005年ごろから、評価と成績を中心に教育に関心をもつようになりました。今のままの評価のやり方、教師の関わり方では自立した学び手が育たないのではないかと思い、国語科教育について研究を進めています。

大学院を経て、小学校での教員生活をしてきたなかで、今では、自立した学び手を育てるためにもっとも大切なことは、本書にも描かれているような、教師と生徒の充実した対話だと確信しています。

吉田新一郎（よしだ・しんいちろう）

日本、オーストラリア、アメリカで（1960～1970年代にかけて）教育を受けましたが、宿題事情はどこも同じでした。やるのが当たり前で、この本で紹介されているような考え方はなかったです。

日本の教育はいい面もありますが、まずい面もたくさんあります。前者はさらに伸ばし、後者は主体的かつ積極的に改善していかないと、子どもたちに失礼です。あなたがハックしたいテーマは何ですか？ pro.workshop@gmail.com にお知らせください。

宿題をハックする

学校外でも学びを促進する10の方法

2019年4月20日　初版第1刷発行

訳　者　高瀬裕人
　　　　吉田新一郎

発行者　武市一幸

発行所　株式会社　新評論

〒169-0051
東京都新宿区西早稲田3-16-28
http://www.shinhyoron.co.jp

電話　03(3202)7391
FAX　03(3202)5832
振替・00160-1-113487

印刷　フォレスト
装丁　山田英春
製本　中永製本所

ISBN978-4-7948-1122-6